아름다움이
그대를 속일지라도
-탈코르셋 인문학

탈코르셋 인문학

아름다움이
그대를
속일지라도

연희원 지음

인간사랑

바라건대 용감하고 가장 뛰어나기를!
강하고 더욱 강해지기를!

서시(序詩)

알렉산드르 푸슈킨에게 보내는 편지

"삶이 그대를 속일지라도
노여워하거나 슬퍼하지 말라 ….
절망의 나날 참고 견디면
기쁨의 날 반드시 찾아오리니"

푸슈킨 씨, 아무래도 그런 일은 없었소
몇 천 년을 기다려봐도 …
그러니 이제 이렇게 바꾸어야 겠소

"삶이 그대를 속일지라도
속지 말아라"

연희원

한 남자가 사랑하는 그녀에게 아름답다고 말하면서 그녀를 예쁜 꽃, 그 남자는 예쁜 꽃을 든 남자라고 그녀 귀에 속삭인다면 어떨까? 아마도 그녀는 벅차오르는 기쁨과 자부심으로 하늘을 날리라. 다음 날에도, 그 다음 날에도, …… 그리고 그 다다음날에도, 1년 뒤에도 이런 속삭임을 계속 듣는다면, 어떨까?

"BABY BABY 지금처럼만
아름다워 줄래 넌
시간이 지나도 내가 설렐 수 있게
BABY BABY 넌 시들지 마
이기적인 날 위해
그 모습 그대로
넌 그대로여야만 해

아름다움이 그대를 속일지라도

난 예쁜 꽃을 든 남자

모든 이가 사랑할

너란 꽃을 든 남자

그대 향기에 취해

난 또 몽롱해지고

꺾이지 말아주오 제발 너만은"

난 사실 멤버 중 누가 딱히 좋은 게 아니라 '삐딱하게'나 'loser'와 같은 곡을 좋아하는 빅뱅팬이었다. 그런데 가만 보니 빅뱅은 'BAE BAE'와 같은 노래도 불렀다. 이기적인 줄은 알아서 다행인데, 시간이 지나도 여자가 자신을 설레게 할 수 있게, 지금처럼 늘 아름다운 꽃으로 남아 달라고 한다. 미션 임파서블이다. 박제가 되란 얘긴가, 나이가 들어가면 성형을 해서라도 아름다움을 지켜달라는 건가…… 뭘까? 언제나 설레게 하는 꽃이 되어달라니……. 빅뱅은 지금 아름다운 그녀에게 무슨 말을 하고 있는 건지 알고 있기나 한 걸까?

잘나가던 빅뱅은 왜 언제나 설레야 할까? 게다가 왜 가슴속 설레는 열정을 자기 안에서 찾지 못하고 여성의 성적 매력을 통해서만 설레려 하는 것일까? 그녀의 아름다움을 통해 자신의 남성성을 확인하고 싶어서? 어디 빅뱅뿐인가? 세계적인 팬덤을 자랑하는 BTS도 "여자는 최고의 선물"이라며 그녀에게 더 많이 하이힐을 신어 달라며, 자신들의 테스테스테론 증가를 노래했었다. 정말이지 남자들의 이런 아름다운 꽃, 꽃, 꽃, 하이힐 타령에 여성들은 고백하기 시작했다.

"널 위해서라면 난 예쁜 거짓, 너의 인형이 되었었어.
그런데 그건 본래의 내가 아닌 듯해.
너에 대한 사랑? ……
페이크 러브(fake love)"

페이크 러브 속에서 여성들은 이제 내가 누구인지 혼란스러워졌고, 분명한 것은 난 그의 인형도 마네킹도 아니라는 사실이다. 그래서 나를 사랑하기 위해 나를 찾아가려 하는 것이다. 결국 여성의 목소리에 귀 기울이지 않던 '삐딱하게'의 그룹은 유감스럽게도 대한민국의 삐뚤어진 남성성으로 큰 실망을 남겨주었다.

이 책은 2018년 여름 혜화역 시위에서 본 피켓을 모티브로 삼아 쓰게 되었다. 빅뱅의 이런 외침에 대해 어떻게 답해야 할까 고민하던 중
……

"우리는 꽃이 아니라 불꽃입니다"

그러므로 이 책은 수많은 대한민국 빅뱅남들에 대한 답가이자, 꽃이나 아름다움이 아니라 '불꽃'이기를 원하는 여성들, 꽃보다 불꽃을 원하는 여성들이 스스로 하늘 높이 날아오르려는 날개 짓에 대한 인문학적, 미학적 성찰이다. 간단하게 범주화해 말하자면, 탈코르

아름다움이 그대를 속일지라도

셋은 아름다움의 심미적 측면보다는 아름다움의 정치사회·문화적 지배/피지배 권력 측면에 더 주목하는 운동이라고 할 수 있으며, 이 책은 바로 여기에 초점을 맞추어 쓰여졌다. 물론 그 심미적 측면과 정치사회적 측면 사이에서 갈등하며 딜레마를 겪을 수밖에 없는 수많은 여성들에 공감하면서……

자주 오해하는 것이 탈코르셋 운동을 짧은 투블럭 헤어컷이나 민낯, 탈브라와 같은 특정한 스타일이나 외모만을 제시하고 강요하는 것으로 생각하는 것이다. 마치 그들이 무슨 교조적인 공산당이나 비밀결사단이라도 되는 것처럼. 그들은 그저 거리에서 볼 수 있는 아주 평범한 대한민국 여성일 뿐인데 말이다. 당연히 페미니스트이면서 화장을 할 수도 있고, 긴 머리를 할 수도 있다. 그러므로 탈코르셋 이야기를 다음과 같은 생각으로 바라보면 어떨까? 이 운동이 우리 사회가 지니고 있는 어떤 면을 비판하고 있는지, 빅뱅의 베베 가사와 같은 낭만적인 남성판타지의 서사가 여성에게 어떤 영향력을 미쳐왔는지, 이러한 남성적 서사에 대해 21세기 여성들이 생각하고 꿈꾸는 것이 무엇인지, 그리하여 우리사회의 여성성이나 아름다움이 절대적이지 않으며 보다 다양하고 폭넓은 의미로 나아갈 수 없는지 의심해 볼 기회로 삼는다면, 꼭 그와 똑같이 행동하지 않아도 이 땅 위 여성들의 꿈과 현실은 이전과 다른, 보다 긍정적인 모습으로 펼쳐지지 않을까.

2019년 8월
연희원

차례

2장
아름다움의 심리학과 진화론: 아름다움 다시 읽기 73

아름다움이 그대를 속일지라도

5장
아름다움과 남녀 몸의 감각적 분배

한국, 중국, 일본 3국 여성들의
아름다움 비교연구 이야기

남성과 비교할 때 여성은 외모와 관련해서 사회적 편견이나 불평등한 대우로 인한 불안함이나 열등감으로 고통을 당하는 경우가 많다. 그렇다고는 해도 대한민국 여성들의 탈코르셋 열풍은 세계적으로도 역사적으로도 전무후무하다. 때문에 이에 대한 찬성과 반대, 의혹 또한 폭발적이다. "여성의 아름다움이 뭐가 문제야?" "예뻐 보이려는 게 뭐가 문제냐고?" "왜 본능을 거부해?" "자기만족이라고 남자를 위해서가 아니라" "남자는 외모 억압 안 받는 줄 알아?" "못난이들의 열등감 폭발 아냐?" "페미들을 걸러줘서 고맙네" "삶에서 여성이 아름다움을 추구하는 것이 남성보다 더 풍부한 삶을 사는 거아냐?" "그거 하나로 세상이 바뀔 거 같아?" 등등 말도 많고 탈도 많다. 대체 이 모든 그럴 듯한 비판에도 불구하고 탈코르셋이 계속되는 이유는 무엇일까?

2018년 한중일 3국 여성들의 미와 외모에 관해 흥미로운 연구 결과가 나왔다.[1] 한중일 20대 초반 젊은 여성들을 대상으로 한 이 연구(논문)는 여성들이 대체 왜 아름다움을 원하는지 조사하면서 아름다움을 추구하는 사회문화적 요인들을 밝히고자 한다. 연구 결과는 동아시아 한중일 세 나라 여성들의 닮은 듯 닮지 않은, 닮을 수 없는 차이들을 잘 보여준다. 각 나라가 가지고 있는 문화적 특성에 따라 아름다움의 가치나 의미가 판이하게 차이가 나고, 각 나라 여성들이 느끼는 외모에 대한 압박감이나 스트레스가 전혀 다르기 때문이다.

우선 한국 여성들에 대한 일본 여성들의 반응을 보자.

"한국에 처음 왔을 때 한국 여성들이 서로 너무 똑같아 보여서 깜짝 놀랐어요 …… 한국 여성들은 거의 똑같은 메이크업을 하고, 거의 비슷한 패션 스타일에, 심지어 성형도 유사하게 해서 거의 동일한 외모를 하고 있으니 말이에요."

이와 유사한, 약간 다른 버전의 애기도 들어 봤을 것이다. 한국 여

---

1   Sunwoo Kim, Yuri Lee(2018), "Why do women want to be beautiful? A qualitative study proposing a new "human beauty values, concept," Plos ONE, 13(8), e0201347. https://doi.org/10.1371/journal.pone.0201347. SCIE.

성들은 모두 워낙 잘 꾸며서 세계 그 어느 곳 여성들보다 하나같이 세련되고 예쁘다거나, 세계적인 화장품 회사들이 화장에 가장 민감한 한국 여성들의 반응을 제일 우선적으로 중요시한다는 이야기도. 그렇다면 한국 여성들은 아름다움을 추구하고 외모를 꾸밀 때, 중국이나 일본 여성들과 대체 무엇이 다른 것일까? 연구는 아름다움을 우월성, 자기발전, 개성이라는 관점에서 분석하며, 아름다움이 지니는 이들 가치 중 각 나라 여성들은 어느 측면을 중시하는지 조사했다. 그 결과 한국 여성들은 아름다움을 '우월성superiority'의 관점에서, 중국 여성들은 '자기발전self−development'의 관점에서, 일본 여성들은 '개성individuality'의 관점에서 받아들이고 있음이 드러났다.

무엇보다 한국 여성들은 아름다움을 추구할 때 자기발전이나 개성보다는 외모가 남보다 우월해야 한다는 사고가 강했다. 특정 연예인이나 유명인의 미를 절대적으로 우월한 아름다움의 이상으로 위치시키고, 그녀와 비교하며 바로 그녀처럼, 그녀가 되고 싶어서, 그녀가 되려고 그녀의 외모와 스타일 모든 것을 따라하려고 한다. 그녀와 같은 메이크업과 그녀와 같은 브랜드 패션. 그녀와 같은 상큼한 표정으로. 이게 한국인에겐 너무나 당연할 만큼 익숙한데, 일본 여성들은 이런 한국 여성들이 똑같아 보인다고 한다. 이렇게 이상적이고 절대적인 아름다움의 기준이 있는 만큼, 그 기준이 편협하고 엄격한 만큼, 그에 미치지 못한다고 생각하는 수많은 대한민국 여성들은 자신의 자아개념이나 몸 이미지에 대해 부정적이며 극심한 스트레스에 시달릴 수밖에 없다. 그러나 예를 들어 일본 여성들은 사회 자체가 다양한 아름다움에 열려 있기 때문에, 유명 연예인의 아름다움이 절대적이고 이상적인 아름다움의 기준이 되는 것이 아니라 각자 유니크한 아름다움을 드러내는 개성적인 아름다움을 추구하며 즐기려는 경향이 강하다. 그래서 일본 여성들은 한국에 와서 같은 또래의 젊은 한국 여성들이 모두 똑같아 보이는 기현상에 놀라움을 금치 못하는 것이다. 한국 여성들이 모두 똑같아 보인다니, 우리끼리는 다 구분되는 것 같은데……우리가 보지 못하는, 타인이 보는 우리의 객관적인 모습이다.

일본 여성들이 한국 여성들에게 이런 충격을 받는 이유는 일본에선 아름다움도 중요하고 외모도 중요하지만, 아름다움이라는 것의 가치가 1등에서 n등까지로 서열을 매길 수 있는 우월성이나 비교의 문제가 아니기 때문이다. 아름다움의 기준이 편협하게 고정되어 있지 않은 것이다. 일본 역시 외모 경쟁을 하지만, 일본 여성들은(일본 사회는) 미의 기준이나 추구에서 개성, 자신만의 독특함, 특이함이라는 가치를 무엇보다 중요시한다. 가령 우리나라의 경우 과즙메이크업이 휩쓸게 되면, 제주도에 사는 이효리도 자신의 민박집에 온 젊은 여성들을 따라 시도해 보고, 유명 가수나 아이돌들이 자랑하는 유튜브에서도 온통 과즙메이크업이다.

기준이 단일하다는 것은 편협하다는 것이 되고 다양성이 없는 만큼, 서로 무수하게 다른 여성들이 똑같은 기준으로 비교하고 경쟁을 하는 만큼, 그 기준에 미치지 못하는 대다수 여성들이 겪는 스트레스와 압박감은 그만큼 심해질 수밖에 없다. 뿐만 아니라 아름다움을

아름다움이 그대를 속일지라도

우월성의 잣대로 보는 관점은 그 우월성을 토대로 사회적 이익이나 혜택을 더 얻으려는 것인데, 결과적으로는 승자도 패자도 모두 부정적이고 강박적인 감정으로 고통 받게 된다. 왜냐하면 패자는 패자라서 스트레스를 받지만, 승자는 승자로서 더 예뻐져야 하고 순위에 밀리지 않기 위해서 더욱 더 강박적으로 자신을 검열하고 조여야 하기 때문이다. 이러한 우월성을 아름다움의 기준으로 삼는 외모 경쟁에서는 결국 여성들 모두가 인생의 패자가 되는 것이다. 이것이 바로 한국 여성들이 세계 그 어느 나라보다 강하게 탈코르셋을 주장할 수밖에 없는 이유가 아닐까? 편협한 아름다움에 대한 절대적 관점이 지니는 무한 경쟁을 멈추고, 불편하고 자기 부정적인 감정으로 고통스러워하는, 남성을 위한 줄서기 게임에서 벗어나려는 시도로서 말이다. 물론 탈코르셋은 그것 외에도 더 많은 사회적, 정치적, 생물학적 의미가 있고, 이 책은 바로 그런 점들을 다룰 것이다.

다음으로 중국 여성들은 비록 이상적 아름다움에 대한 잣대가 있는 것은 사실이지만, 아름다움을 추구하는데 있어 사회적 비교나 외모 경쟁이 심하지 않다. 무엇보다 중국 여성들은 아름다움을 '자기개발'이라는 폭넓은 관점에서 받아들인다. 덕분에 비록 중국 여성들도 아름다움에 대한 이상적 외모를 따르고자 하지만, 중국사회와 문화 자체가 여성을 평가할 때 외모뿐 아니라 여성의 능력도 포함하고 있기 때문에, 여성들은 "외적인 외모가 아니라면 난 능력으로 나의 아름다움을 채우면 돼"라는 마인드다. 그런 만큼 외모로 인해 스트레스가 심하거나 크게 고통 받지 않는다. 그래서 중국 여성들은 자기 자신에 대해서나 유명 연예인 혹은 주변의 아름다운 여성에 대해서 긍정적인 감정을 느낀다. 한국 여성들처럼 유명 연예인이나 아름다운 여성들에 대해 감탄하면서도 동시에 경계하고 질투하고 자학하고 열등감을 느끼는 복잡한 자의식과 감정들에 시달리지 않는 것이다. 특히 한국이나 일본 여성들과는 달리 중국 여성들은 정신적, 육체적 건강을 통해서도 자신의 아름다움을 높일 수 있다고 믿는 건강한 사고를 가지고 있다. 그러니까 중국 여성들에게 외모 관리란 자기 자신을 발전시키는 하나의 방법일 뿐 유일한 통로가 아니라고 여겨 외모에 대한 사회적 압박을 느끼기보다는 자신의 다른 면에 집중한다는 것이다. 물론 이 연구 결과가 한중일 모든 여성에게 예외 없이 적용되는 것은 아니겠지만, 한중일 여성들이 각자의 사회문화적 요인에 따라 서로 다른 아름다움의 관점을 지니게 된다는 점에서 한국에서의 탈코르셋 운동의 배경을 일정하게 설명해준다.

흔히 착각하는 것이 아름다움은 당연히 누가 더 아름답고, 누가 가장 아름답고, 1등이 있고 비교가 가능한 것으로 생각한다. 그런데 동양 3국만 보아도, 동일한 유교 불교 문화권이었음에도 불구하고 이렇게 아름다움을 보는 관점이 다르다. 그렇다면 대체 왜 한국 여성들은 아름다움의 기준을 자아발전이나 개성이라는 중국이나 일본 여성들의 기준과 달리 남보다 우월할 것, 남보다 더 아름다운 것으로 제한하고 무한경쟁 하는 것일까? 물론 답은 나와 있다. 중국, 일본 여성들과 비교해서, 한국 여성들(한국사회)은 여성에 대한 가치를 오로지 외모의 우월성이라는 척도로만 평가받기 때문이다. 아름다움만

　　　　　　　　　　아름다움이 그대를 속일지라도

이 여성을 평가하는 유일한 판단기준인 경우가 많기 때문이다. 논변으로 당당한 50대 기자 출신의 한 유명 TV출연자도 "걔보다 내가 목주름이 없어. 내가 이긴 거야!"라고 외친다. 하물며 이런 애기 많이 들어 보았을 것이다.

"내가 걔보다 이뻤어"

"걔하곤 비교가 안 되지"

"걔 학교 때 완전 내 아래였어. 어디서 볼 것도 없는 것이 수술을 해서……"

학교 때 나보다 한참 뒤처진다고 생각했던 그녀가 수술하고 나보다 훨씬 예뻐진 것 같아서 나는 괴롭다. 받아들이기가 싫다. 나만 쓰레기인가? 이런 이야기다. 왜 그럴까? 왜 한국 여성들은 유독 아름다움의 개념을 좁게 편협하게 잡고 남과 비교하며 이렇게 강박적으로 우월하려 애쓰고, 열등감을 느끼며 괴로워해야 할까? 이긴 자도 더 아름다워지려 안간힘을 써야 하고, 지지 않으려고 "놓치지 않을 거예요"라고 강박적으로 외치는 것일까?

위의 연구는 그에 대한 이유를 다음과 같이 분석해 놓았다. 한국의 가부장적 사회에서 남성들은 여성을 선택할 때 여성들의 능력이나 인성 혹은 개성보다는 여성들의 외모에만 집중하는 경향이 있고, 늘 그래왔기 때문이다. 특히 유교적 가부장제가 오래도록 계속되어 오면서, 여성의 고정된 남녀 위계적 성역할이 21세기에도 여전히 계속되어 왔고, 그에 따라 순종적이고 복종적인 여성, 부드럽고 여성스러운 이미지가 남성들에게 인기를 끌고 주목을 끌기 때문이다. 그에 따라 연구에 참가한 한국 여성들은 여성의 외모 정도에 따른 남성의 선택에 따라 결혼 후 여성의 계급이 달라진다고 생각한다. 한 마디로 여성 외모의 우위에 따라 부자나 상층계급 남성과 결혼할 수 있다는 것이다. 만일 이게 사실이라면, 아니 이게 사실로서, 이런 것을 고리타분한 옛말로 "여자 팔자 뒤웅박"이라 했는데, 그렇다면 한국은 남녀젠더권력에서 볼 때 조선시대와 다를 바 없는 것 아닐까? 21세기 지금, 세계적 경제대국 대한민국은 그야말로 고리타분한 구습 남성 국가인 것이다. 특히 '결혼해 듀오'를 비롯한 중매시장에서는 더욱 더 여성을 오직 외모로만 평가한다고 한다. 가령 키 크고 아름답다면 그녀는 상위 계급으로 올라갈 가능성이 크다.

이 연구 결과는 시사하는 바가 많다. 무엇보다도 20, 30대나 40, 50대 모두 하나같이 여성을 선택할 때 '외모'를 최우선으로 하는 한국 남성들의 가치관을 돌아보게 한다. 성인들만이 아니다. 중고등학교에서 남학생들은, 빠르면 초딩 때부터, 같은 반 여학생들의 외모 순위를 정하고, 대학생들은 술자리나 카톡에서 같은 과 여학생들을 성적 대상으로서 순위를 매기며 즐거운 외모품평회를 연다. 이렇게 자라 온 성인 남성들은 여성의 능력이나 인성, 개성 따위를 아름다움의 기준이나 관점으로 보는 것 자체에 코웃음 칠 것이다. 그리고 "남자가 원래 그런 거지"라며 자신들의 관점이 생물학적으로 타당하다고 절대적으로 믿는다. 서양에 비해 보수적인 한중일 3국 내에서도 여성에

아름다움이 그대를 속일지라도

대한, 여성의 아름다움에 대한 사고와 선택이 이렇게 다른데도 과연 그런 근거 없는 믿음을 지속할 것인가? 남자가 다 그런 게 아니고, 그게 남자란 동물의 생리가 아니고, 그게 다 한국 남성들이 21세기에도 여전히 조선시대 가부장적 사고를 고집하고 있기 때문이다. 그리하여 한중일 3국 중에서도 유독 한국 남성들만 여성을 오로지 외모, 외모, 외모, 즉 성적 대상으로만 판단하고 선택하고 있는 셈이다. 한국 남성들은 경제대국 10위권의 경쟁력과 성공만 노래할 뿐, 여성 인격이나 개성, 자기발전에 대한 존중이란 것은 가볍게 무시하고, 여성 외모와 성적 대상화만을 무한 외치는 것이다. '나만 아니면 되니까.' 민주와 평등, 인권이란 것은 남성들에게만 적용시키며, 세상의 주인공은 오직 "나야 나"라는 환상 속에서 "과거에 비하면 오늘날 한국 여성들은 완전 여성상위인데 대체 왜 그래?" 운운하며 세계가 어떻게 변해 가는지 상관없는 것 같다.

그래서 젠더권력에서 동등하지도 우위를 차지하지도 못하는 한국 여성들은 이러한 남성들의 요구에 맞추느라 아름다움이나 외모라는 것을 일본이나 중국 여성들처럼 개성이나 자기발전의 하나가 아니라 자신의 인생 모든 것을 걸고 올인하는 그 무엇으로 여기게 된다. 남성 '갑'의 횡포에 여성 '을'들은 다소곳이, 열심히 잔잔한 호수를 가르며 물밑에서 열심 발길질 하는 우아한 백조처럼 무한 땀을 흘리고 있는 것이다. 그리하여 이러한 편협한 아름다움 잣대와 인식은 대부분의 한국 여성을 거의 비슷한 패션, 메이크업, 성형을 하게 하며 외모의 우월성을 향해 오늘도 내일도 불편하고 불안한 비교경쟁에 매

달리게 한다. 덕분에 여성들의 화장과 패션 올인으로 한국의 미용산업이 발전하고 국가경쟁력을 높이며, 이들 미용산업은 다시 여성들의 외모비교를 더욱더 무한경쟁으로 몰아넣고 있다. 이런 의미에서 아름다움이나 외모가 단지 개인의 취향 문제가 아니라 바로 사회적으로 구조화되는 것임을 이 연구만큼 잘 보여줄 수는 없을 것 같다. 개인적이고 사적인 듯 보이는 아름다움에 대한 취향이나 선택이 사실상 정치적인 것이라는 케이트 밀레트나 부르디외(계급적이란 분석을 페미니즘적으로 전유하면)의 통찰은 바로 이러한 상황을 말한다. 즉 여성의 성역할을 아름다움의 대상으로, 남성의 성역할을 이 아름다움을 보고 즐기고 향유하는 자(주체)로 나누는 것은 생물학적 본능에 따른 구분이 아니라 사실상 정치적인 것, 남성중심의 정치적인 권력 지배방식인 것이다.

그런데 갑의 횡포에 다소곳이 수동적으로 따르며, 기존의 체제를 그대로 따르거나 남보다 발 빠르게 우위를 차지해 권력에 협력하는 길도 있지만, 갑의 권력과 횡포에 대한 '을의 반란'이라는 대응방식도 있다. 다행히 지금은 바로 그 을들의 반란이 가능한 시대이다. 역사적으로 언제나 권력은 오로지 수동적 신체를 통해서만 작동할 수 있었고, 실제로 그래왔다. 그리하여 권력은 여성들에게 아름다움이라는 달콤한 칭찬과 찬미, 희망과 쾌락, 과시를 제공하면서 동시에 절망과 공포를 조장하면서 복종을 이끌어 왔다. 그 권력이 두려워하는 것은 자신들의 규범과 질서, 언어가 작동할 수 없는 능동적 신체, 자유인이다. 탈코르셋과 같은 능동적 신체다. 탈코르셋에 공격의 포화

아름다움이 그대를 속일지라도

가 쏟아지거나 무조건 무시하려는 이유다. 오빠가 페미니즘도 가르치려 들면서.

　종종 남성정장을 남성들의 전투복 혹은 갑옷이라고 말한다. 21세기 지금, 갑을 향한 수동적 충성심에 을들의 전쟁, 을들끼리의 무한경쟁이 아니라. 을의 반란과 혁명으로서 탈코르셋은 단순히 아름다움에 대한 개인적이고 파편적인 외침이 아니라, 아름다움의 패키지, 즉 아름다움을 둘러싼 모든 정치, 경제, 사회, (여성성) 의식과 무의식, 몸, 감정, 느낌 등을 포함하는 갑을 관계를 청산하기 위한 전투복이자 갑옷이다. 그런데 탈코르셋은 아름다움이라는 달콤한 이름으로 여성을 오직 외모로만, 성적 대상으로만 보는 관점을 가진 남성들에 대한 비판에만 머무는 것이 아니라, 무엇보다도 여성들 자신에 대한 성찰적 비판이자 자각이기도 하다. 왜냐하면 젠더권력에서 우위를 지닌 남성들이 여성을 선택할 때 외모로만 판단하는 사고와 행동, 습관을 멈추게 하려면, 우선적으로 여성들이 여성인 자신을 보고 판단하고 행동하는 관점과 실천이 달라져야 하기 때문이다. 여성이 인격이나 개성, 능력으로도 평가받으려면, 그것은 사회적, 공적 제도나 법조항의 변화 혹은 남성들에 대한 비판이나 공격만으로 가능하지 않다. 일상에 스며있는 뿌리 깊은 사회적 관습과 관행의 끈을 붙들고 있는 여성들 자신이 자기 자신을 바라보는 사고와 관점을 바꾸어야 한다. 권력에 협력해 온 수동적 태도가 바뀌어야 세상을, 남성을, 그리고 남녀의 정치적·사회적·문화적 권력 지형을 바꿀 수 있으니까. 그러므로 여성 내 외모 무한경쟁을 잠시 멈추고, 숨을 고르며 한숨

쉬고 다시 나를 돌아보게 한다는 점에서, 탈코르셋 여성들의 탁월한 세계인식과 과감하고 용기 있는 실천은 분명 여성의 삶과 여성의 역사를, 나아가 대한민국의 정의와 평등민주를 재설정하게 하는 힘이 될 것이다.

아름다움의 반란, 탈코르셋:
새로운 사회정의를 꿈꾸며

'시련이 닥치더라도 살아남아라.
절대로 희생자가 되지 마라.
누가 너를 때리면 너는 그 사람을 더 세게 쳐주어라.
자신의 운명은 스스로 개척해야 한다.
-힐러리 클린턴

1. 순정섹시 춘향전:
그 남자 이야기, 그 여자 이야기

1. 그 남자 이야기

　우리 모두 너무나 잘 아는, 잘 알다 못해 시시하기까지 한 춘향전을 그 남자의 이야기로 되돌아보자. 숙종 대왕 초에 전라도 남원에 사는 퇴기 월매는 성 참판과의 사이에서 춘향이라는 아름다운 딸을 낳았다. 춘향이 자라면서 빼어난 미모와 시서에 능하게 되었다. 어느 봄날, 남원부사의 아들 이몽룡은 방자를 데리고 남원에서 유명한 광한루에 올라 멀리 아름다운 처녀가 그네를 뛰고 있는 것을 보게 되었다. 춘향이었다. 한눈에 춘향에 반해버린 몽룡은 방자를 통해 춘향에게 오늘밤에 집에 찾아가겠노라는 말을 전하게 하였다. 그리고 밤

　　　　　　　　　　　　　　아름다움이 그대를 속일지라도

이 되자 방자를 앞세워 춘향의 집을 찾아가서 월매에게 자신의 춘향에 대한 열렬한 사모의 정을 말하고, 그날 밤으로 춘향과 백년해로의 굳은 약속을 했다. 얼마 후 몽룡의 부친이 한양으로 가게 됨에 따라 상경하게 되자, 춘향은 한양에서 반가운 소식이 오기만을 고대하며 살아간다.

이때 남원에는 성 참판의 후임으로 변학도가 부사로 부임하게 되었다. 그는 부임하자마자 정사는 돌보지 않고 남원에서 미모가 빼어나다고 소문난 춘향이를 데려와 수청을 강요한다. 그러나 춘향이 죽음을 각오하고 이를 거절하자, 모질게 고문당하고 옥에 갇힌다. 한편, 한양으로 올라간 몽룡은 열심히 공부하여 과거에 장원급제하고, 암행어사를 제수 받아 전라도 암행어사가 되어 남원으로 내려간다. 변 사또의 생일날 성대한 잔치가 벌어졌을 때, 이몽룡은 암행어사 출도를 외치며 나타난다. 몽룡은 변 사또를 파직하고 춘향과 감격적으로 다시 만나게 되었다.

그 후 그는 춘향을 한양으로 데려가 본부인으로 삼고, 임금도 춘향의 정절을 높이 평가하여 당시의 신분 사회에서는 파격적으로 기생을 어머니로 둔 춘향을 정경부인에 봉하여 신분의 굴레에서 벗어나게 해주었다. 그리하여 둘은 행복하게 살았다.

그 남자 이야기는 아름다운 여자에 첫눈에 반해 그날 밤 바로 그녀를 취하고, 이후 남자가 떠나 간 사이 죽음을 무릅쓰고 정절을 지킨 여성을 높이 평가하여 정실부인으로 삼았다는, 한 남자의 순정색

시녀 칭찬 스토리이다. 이야기 속에서 여성의 아름다움과 정절이라는 '한 세트 패키지'는 곧 남자가 그 여자에게 바라는 전부이다. 분명 춘향이가 빼어난 외모 외에도 시서에도 능하다고 했는데, 그 인생 내내 시서는 어디 한 번이라도 쓸모를 자랑했는지 의문이다. 만일 누군가 그 남자 이야기를 지금도 하고 있다면, 정신 나간 얘기라고 할지 모른다. 그런데 가만, 과연 그럴까? 혹시 지금도 이몽룡 스토리의 다른 버전들이 넘쳐나는 것은 아닐까?

2. 그 여자 이야기

춘향전에는 사실 이런 해피엔딩 말고 다른 원본들이 존재한다. 정절을 지키려다 모진 고문을 버티지 못하고 숨진 이야기, 이 도령이 구해줬지만 신분의 굴레에 좌절한 춘향이가 자살했다는 이야기 등이 있다. 물론 이런 이야기도 그 남자의 스토리텔링일 가능성이 높다. 그 남자의 이이야기에서 춘향이가 할 수 있는 행동영역은 죽거나 나쁘거나이다. 즉 자살하거나 모진 고문을 이기며 정절을 지키기이다. 그런데 이것은 사실 그 여자가 바라거나 꿈꾸는 세상이 아니다. 그녀의 마음 속 이야기도 욕망도 더더구나 바램도 전혀 아니다.

그렇다면 이번에는 같은 시대 여성이 말하는, 말했을 법한 그 여자 이야기를 상상해보자. 조선 후기 유사한 시기에 쓰여진 것으로 추정되는「박씨전 이야기」나「방한림전」등을 참고해 볼 때, 춘향에 대해

아름다움이 그대를 속일지라도

서 이런 이야기를 했을 가능성이 있다. 변학도가 부패남이라고 하나 어찌 보면 나쁜 남자 매력 팡팡 풍기는 섹시남일 수 있는데, 춘향이 나이가 열여섯 혹은 열여덟이라고 하면, 뭣 모르고 나쁜 남자에 푹 빠질 나이니만큼 그에게 퐁당 사랑에 빠져 버린다거나 아니면 춘향이가 방한림처럼 남장하고 과거 시험을 보러 가거나 외세와의 싸움에 나가 혁혁한 공을 세우고 돌아온다. 적어도 그 여자의 이야기에는 정절이니 자살이니 그런 비극일랑 일체 없다.

그 남자 이야기가 아름다운 여성의 기구한 팔자, 즉 선택이 극도로 제한된 여성의 삶의 영역 내에서 그녀의 아름다움 덕택에 남자의 눈에 띄고 일방적으로 선택되었다면, 그 여자의 스토리텔링에는 일방적으로 그 남자의 시선과 욕망과 선택에 휘둘리지 않는, 자신만의 꿈과 힘이 있다. 그녀는 변학도를 선택하거나 남장을 하고 적극적으로 과거시험이나 나라의 공을 세워 자신의 삶의 영역을 넓혀 나갈 수도 있다. 그 남자 이야기가 그 여자에게 인내, 정절, 희생, 겸손함, 그리고 아름다움을 요구했다면, 그 여자 이야기는 그 여자 스스로 가치판단하고 의사결정권을 갖고 선택하며 제한되지 않은 자유의 영역을 개척해 나간다. 아름다움에 자신을 가두지 않는 폭 넓은 행동영역과 사회적 성취와 자부심과 힘이 있다.

아름다움의 반란:
사회정의에 관한 새로운 이야기

「춘향전」에 대한 그 남자 그 여자 이야기를 종합해보면, 아름다움을 추구하는 것이 여자의 본능이라는 말은 다시 생각해 봐야 할 것 같다. 왜냐하면 춘향이의 아름다움에 반해서 달려가고 선택하고 잡고 하는 것, 즉 죽어라 목매어 아름다움을 추구하는 것은 사실은 그 남자에게만 할당된 감각이기 때문이다. 여자는 어쩌다 아름답게 태어났거나 어쩌다 아름다울 수 있는 환경이었거나 운 좋게 남자에게 선택되는 행운을 가진 것뿐이기 때문이다. 이것만이 여성에게 할당된 계급이동이나 계층이동의 유일한 수단 혹은 사회적 성취의 최대한이다. 그녀에게는 그 남자처럼 자율적으로 반하고 선택하고 달려가고 등등의 행동이나 감각이 허용되지 않는다. 이쯤 되면, 여자의 아름다움은 여자의 본능이 아니라 차라리 그 아름다움을 보고 반하는 남자의 본능 아닐까? 여성의 아름다움은 달려가게 하고 첫눈에 반하게 하는 본능의 감각으로서 차라리 남성을 위한 것이기 때문이다.

말인 즉은 춘향전은 아름다운 여성이 모진 고문에도 정절도 지키기를 바라는 그 남자 이야기, 전적으로 남성을 위한 '여성 행동 매뉴얼'이다. 이러한 그 남자의 이야기 속에는 여성은 그저 남성을 위한 꽃으로서의 아름다움을 위해 존재할 뿐 여성 스스로의 바램이나 가치판단, 의사결정은 배제되어 있다. 그런 점에서 아름다움은 여성에게 의무이지 타고난 본능이 결코 아니다. 그것만이 여성이 선택될 수 있는 유일한 통로이기 때문이다. 선택하는 통로가 아니라 선택되는.

우리 모두 알다시피 정치란 제도상의 조직, 공적 행동, 사회적 실천과 습속, 문화적 의미의 모든 면과 연관되어 있다. 단 이러한 제도상 조직이나 공적 행동, 사회적 실천과 습속, 문화적 의미들은 공동의 가치평가와 의사결정 대상이어야 한다. 그런데 공동의 가치평가와 의사결정이라는 것이 참 어려운 이야기다. 「춘향전」은 분명 그 남자 이야기였는데도 마치 공동의 가치이자 결정이었던 것처럼 전해 내려왔으니 말이다. 그 남자 이야기 「춘향전」에는 그 여자의 목소리가 전혀 들어 있지 않은데도 마치 그 남자 그 여자 모두 포함한 걸작처럼 이야기되기 쉽기 때문이다. 사실상 공동체 내 서로 다른 집단들이 있고, 서로 다른 집단들은 동일한 사항에 대해 서로 다른 가치평가와 의사결정을 하기 마련이다. 그러나 불평등한 사회에서는 마치 한쪽의 이야기가 다른 쪽의 입장도 대변하는 듯, 중립적이고 대표적인 위치를 차지하게 된다. 즉 몽룡이가 아름답다고 선택한 춘향이가 정절을 지켜야 한다는 것은 남성의 스토리텔링이고 남성의 바램이고 남성의 가치판단이고 결정이다. 사실 춘향이는 몽룡이에게 반하지 않았을 수 있고, 더티섹시든 부패섹시든 변 사또가 그녀 취향이었을 수도 있다. 그래서 만일 그녀가 선택권만 있었다면 몽룡이 정도는 뻥 차버렸을 수 있다. 그런데 이런 가능성을 모두 차단한 채 춘향전 이야기는 가부장 사회 남성의 입장의 가치판단과 그 판단을 중심으로 하는 문화적 의미와 실천들만이 강요되고 전해져 온 것이다.

그러므로 만일 그 남자 버전 춘향전 이야기가 싫고 그 여자 버전 이야기로 바꾸고 싶다고 한다면, 즉 어떤 규칙이나 실천이나 문화적 의미가 잘못되었기에 바뀌어야 한다고 말한다면, 그것은 통상 사회 정의에 대한 모종의 주장을 하고 있는 것이다.[2] 즉 아름다움에 관한 의미가 그 남자 이야기로만, 그 남자가 중심이 되어 그 남자를 위한 이야기가 되어 그에 따라 여성이 아름다워야 하고 정절을 지켜야 하거나 자살을 해야 한다면, 그러한 스토리는 정치적인 이야기이다. 그것은 남자 중심의 스토리텔링으로서 남성 입장만 고려한 가치판단이자 결정이며, 남성을 위한 지배에 적합한 여성의 행동규칙과 마음 자세의 매뉴얼이기 때문이다. 따라서 아름다움에 대한 규칙이나 실

---

2   아이리스 영, 『차이의 정치와 정의』, 김도균 옮김, 모티브북, 38-39쪽.

아름다움이 그대를 속일지라도

천, 그 문화적 의미가 잘못된 것이므로 그 남자 이야기를 바꾸어 여성에 관한 이야기를 여성 스스로 하고자 한다면, 아이리스 영이 『차이의 정치와 정의』에서 말한 것처럼, 그것은 분명코 사회정의에 대한 주장을 펼치고 있는 것이다. 즉 여성의 아름다움에 대해 여성 스스로, 이전의 그 남자 이야기와 다른 이야기를 하고자 하고, 하고 있다면, 그것은 기존에 일부가 독점한 문화적 의미와 배치에 대해 불편하지만 새로운 사회정의의 물꼬를 트고 있는 것이다. 그 남자 홀로 독점해 온 여성의 아름다움에 관한 문화적 의미를 변경해서 그 여자의 이야기로 전유함으로써 그 남자 이야기에서 제한되었던 그 여자의 권리와 선택권을 보장하며 보다 평등한 사회정의를 이루려는 것이기 때문이다. 정치적 제도나 사회제도에 대한 이야기와 비교해 항상 너무나 사소하고 하찮은 것으로 여겨져 온 외모에 관한 이야기를 바꾸려는 것, 그리하여 이몽룡 버전의 아름다움과 정절 이야기를 그 여자 이야기로 바꾸려는 것, 그런 일상의 사소한 미시적 의미를 변경함으로써 기존의 표준에 도전하고 파괴하고, 그럼으로써 여성성과 아름다움에 대한 문화적 의미들을 바꾸고자 하는 것, 그것이 바로 새로운 사회정의의 꿈을 향해 나아가는 탈코르셋의 몸짓이다.

탈코르셋과 페니스파시즘:
"여성의 아름다움이야말로 정치적인 것이다"

수업 시간에 창가에 앉아 있다가 학교에 들어 온 바바리맨의 원맨 쇼 알몸 퍼포먼스를 보고 소리 지르던 여학생들에게 단체기합과 반성문 벌칙이 내리자 일진 여학생은 욕설과 분노를 내뱉는다.

"아 씨발, 벗은 새끼가 잘못이지 우리가 잘못이야?
변태 새끼 잡을 생각은 안하고 우리한테 반성을 하래.
뭘 반성하라는 거야, 도대체
내가 벗었어?"

『82년생 김지영』의 한 장면이다. 여학교 주변의 유명한 바바리맨은

아름다움이 그대를 속일지라도

지금이야 공연음란죄나 강제추행죄가 적용될 수 있는데 반해, 1990
년대 말에는 학교 측이 오히려 여학생들을 나무라는 모습이다. 여중
고를 나온 여성이라면 누구나 한 번쯤 겪었던 바바리맨이 이제는 아
예 여대에 들어가 알몸을 하고 인증샷을 올리거나 여중고도 부족해
초등학교 앞으로까지 진출하고 있다. 법은 있어도 실제 처벌 수위가
워낙 낮은데다 음란물이나 불법촬영 동영상이 쉽게 유통되는 온라
인상의 만연한 성 규범 일탈로 바바리맨들이 더 대범해지고 있는 것
이다. 비록 관련법이 없던 시절이라고는 해도, 1990년대 바바리맨을
본 학생들을 혼내는 학교나 선생님들의 기준은 대체 무엇이었던 것
일까?

최근에도 여성들이 말이나 행동거지를 조심해야 한다는 취지의
발언을 했다가 비판여론에 밀려 사과한 소위 국방장관의 발언은 바
바리맨을 보고 소리를 질렀다는 이유로 여학생들을 혼내는 학교와
같은 맥락의 사고다. 국제경제학에 관련해서 아주 재밌는 일화가 떠
돈 적이 있다. 중국의 네티즌들이 냉정한 힘의 세계인 국가 간의 관
계나 행동양식이나 국민성을 싸움에 비유한 것이다.

미국: 때리고 싶은 녀석을 때린다.
영국: 미국이 때린 녀석을 때린다.
러시아: 자신을 욕한 사람을 때린다.
이스라엘: 자신을 때릴 것 같은 놈을 먼저 때린다.
프랑스: 맞으면 되갚아준다.

일본: 맞으면 미국을 통해 되갚는다.

북한: 누군가에게 맞으면 한국을 때린다.

한국: 누군가에게 맞으면 미국과 합동훈련 한다.

중국: 누군가에게 맞으면 욕으로 되갚는다.

미국은 자기가 원하는 세상을 만드는 셈이고, 영국은 내가 원하는 세상은 바로 미국이 원하는 것이라 생각해서 미국이 때린 놈을 또 때리는 것이고, 미국, 영국, 러시아는 선제공격하고, 이스라엘은 아예 선전포고도 없이 때리는 깡패 스타일이다. 그에 반해 프랑스는 맞으면 그때야 보복하는 격이니 그나마 신사적이다. 무엇보다도 정확한 분석은 무슨 일이 생기면 한국을 때리는 북한의 행동이다. 물론 선제 공격하는 미국, 영국, 러시아, 이스라엘도 정의롭지 못하지만, 특히 북한은 강국인 미국과 문제가 생겼다 하면 늘 만만한 한국에게 보복하거나 응징해 왔다. 최근에는 북한이 약간의 변화를 보이는 듯 했지만, 역시나 미국과 협상이 결렬되자 남북연락사무소를 철수한다든가 남한에 외세의존 운운하며 오지랖 넓은 중재자 행세 말라며, 다시금 강자에게 약하고 만만한 남한을 응징하거나 강한 모습을 보이고 있다. 중국 네티즌들의 분석이었지만, 국제정치학 연구입장에서도 아주 정확하고 탁월한 분석이라는 평가를 받기도 했다.

  힘의 우세가 명확하게 지배하는 국가와 국가 간에는 정의가 성립되기 어려우니 이런 일이 벌어지는 것으로 보인다. 그런데 이런 힘의 관계는 한 국가 내에서도 적용된다. 특히 계급 간의 힘의 우열에 따

　　　　　　　　　　아름다움이 그대를 속일지라도

라 그리고 남녀 성의 위계서열에 따라. 그렇다면 과연 현재 대한민국 내 남녀관계는 어디에 속할까? 물론 대한민국 '가부장' 남성들은 아마도 선제공격 팀들을 모두 포함하고, 그리고 특히 그 행동양식과 사고가 북한과 유사하다. 이미 오백 년 전부터 여성을 때리고 있지만, 지금도 무슨 문제가 생겼다 하면 정부정책이 아니라 여자 탓으로 돌리며 여성을 때리고 있는 대한민국 가부장적 남성들의 태도와 행동들이 북한의 그것과 같다는 것이다. 지하철이나 공공장소 불법촬영이나 리벤지포르노뿐 아니라, 일베의 여친몰카인증보다도 더 한 성범죄가 소위 일종의 '홈런'으로서 원나잇 인증샷 몰카다. 이런 행태는 사실 젊은 남성들 단톡방에서 어렵지 않게 볼 수 있는 현상일텐데, 이들의 대화를 보면 여성의 신체나 성을 무슨 전리품 자랑하는 듯하다. 남성성을 자랑하거나 증명하는 것, 남성성의 연대를 통해 여성을 소유하고 마음대로 지배할 수 있다는 과시의식이 전리품 나눠갖는 듯하다.

A씨: X가 Y(걸그룹)와 원나잇했어.

B씨: 영상 있나?

A씨: 동영상 올리고……

C씨: 어제 Z랑 만났어.

D씨: 아! Z, 완전 걸레야.

지금이 춘향이 시절도 아닌데, 남자 자신이 걸레질 하는 것은 보이지도 않고 문제인 줄도 모르고, 여성을 비난한다. 조선시대 남성의 사고와 다를 바가 없다. 이렇게 남녀 성과 섹슈얼리티에 대한 이중적인 사고방식과 잣대 때문에. 성적 대상으로서 여자 몸을 소유하고 있는 남자는 자신을 그러한 성적 희롱으로부터 자유로운 존재로 여긴다. 남녀 몸에 대한 사고의 격차가 이러한 폭력을 행사할 수 있는 기반이 된다는 점에서, 오늘날 대한민국의 남성들의 여성 몸과 성에 대한 사고, 위계질서는 조선시대와 다를 바가 없다.

　남녀 몸의 성과 섹슈얼리티에 대해 평등한 사고를 가졌다면, 남자들은 조선시대처럼 일방적으로 여성을 지배하고 소유하며 자랑하는, 성관계 인증샷 과시를 할 수 없다. 일베나 할 것 같은 여친노출인증이나 성관계몰카와 같은 성범죄의 광범위한 공유와 같은 페니스파시즘Penis Fascism이 판을 치지 못한다. 남녀 몸에 대한 사고의 격차, 남녀 몸의 위계적 분할이 이러한 성폭력을 행사할 수 있는 기반이 된다는 점에서, 여성을 아름다움으로, 남성을 그 아름다움을 가지고 유희하는 자로 배치해 놓은 문화적 분할과 그 위에 공공연한 폭력들이 자행된다는 점에서, 오늘날 남성들의 남녀 몸과 섹슈얼리티에 대한 사고나 위계질서는 조선시대로부터 한 발짝도 진화하지 못했다는 것이다. 어디 성으로 한번 능욕시켜 줄게 라는 태도로 남성들은 온갖 동영상과 여친 인증, 리벤지포르노를 유포하고 공유하며, 세상의 주인공은 "나야 나"라고 외치고 있다. 여성을 다른 모든 것은 제쳐두고 오로지 성적 대상과 유희의 대상으로만 본다는 점에서, 이것을 여성의 아름다움으로 포장한다는 점에서, 음란물로 분류되어 버린 리

　아름다움이 그대를 속일지라도

벤지포르노나 불법촬영 여성피해자들을 숨죽이게 하고 때로 자살로 몰아넣는다는 점에서 여성 몸과 여성 섹슈얼리티에 대한 사고가 열녀에게 죽음을 권장하거나 강요했던 조선시대의 그것과 무엇이 다를까?

그런데 이 폭력적이고 안하무인적인 페니스파시즘 하나로 여성의 모든 것을 굴욕스럽게 하거나 여성을 최종적으로 판단하는 증거처럼 킬킬거리며 여성을 붕괴시키려는 우월감과 자신감의 연대가 바로 여성성과 동일시되는 여성의 아름다움을 둘러싸고 벌어진다는 점이 여성들에게는 뼈아픈 지점이 아닐 수 없다. 여성은 아름다움, 외모를 여성의 본성으로 교육받으며 자라왔는데, 사실상 남성의 몸과 여성의 몸에 대한 가치의 분할, 역할의 분할이 불평등과 폭력과 지배의 토대가 되고 있음을 목격하고 있기 때문이다. 여성의 아름다움이 여성 자신이 원하는 여성 본성이라기보다는, 남성지배 사회에서 남성이 여성에게 부여한 여성 이미지라는 사실을 인정하지 않을 수 없기 때문이다. 남성의, 남성에 의한, 남성을 위한 여성의 아름다움으로서.

남성들은 여성의 아름다움을 한없이 낭만적으로 칭찬하는 것처럼 하면서도 몰래 성관계 동영상, 노출인증사진, 리벤지포르노를 찍고 유포하며 등 뒤에서 칼을 꽂는다. 뿐만 아니라 알바든 직장에서든 노래방에서든 곧잘 여성의 아름다움은 남성들의 놀이와 유희대상이 되고 있다. 그러므로 일상에서 민주화가 진전되었으니 이제 멈추어 생각해 볼 것 같은 상황이 와도 계속되는 이러한 남성 일방적인 놀이와 위협이 여성들로 하여금 여성의 아름다움의 역할과 의미를 되돌아보며 고민하지 않을 수 없게 한다. 여성들로서는 여성의 아름다움 자체의 매력을 모르거나 그 심미적 아름다움 자체에 문제가 있어 점검하는 것이 아니라 여성의 아름다움이 갖는 사회적 의미, 지배/피지배 관계, 지배와 종속 관계의 구조에 문제가 있음을 돌아보지 않을 수 없는 것이다. 즉 아름다움의 미학적 내연이 아니라 외연, 즉 아름다움의 정치성에 주목하지 않을 수 없는 것이다.

진짜 오백 년 전 조선시대 이야기 좀 해볼까? 잘 알다시피 당시에는 여성의 정절에 대한 강조가 최고조로 오르며 『공자가어』에 의해 칠거지악에 해당되는 여성을 쫓아 냈는데, 그 중 가장 큰 중죄가 여성의 외도 혹은 간음죄였다. 그런데 여성의 간음죄에는 단지 외간남자와의 관계가 아니라 행로에서 욕을 당하거나, 담 넘어 온 자의 협박을 받아 처음 절개를 잃은 경우, 그리고 끌려가 욕을 보는 경우도 포함되었다. 심지어 병란으로 욕을 본 아내들조차 정절을 잃은 것으로 보기에 인조는 그것까지야 좀 심하지 않겠냐고 하자 사헌부 신하들이 발끈하며, 그런 상황에서도 목숨을 버린 부인들이 있었다며 자결을 권하는 사헌부의 계가 올려졌다.[3] 여성의 정절, 그러니까 여성의

---

3 인조가 병란으로 욕을 본 아내들은 실절失節로 간주될 수 없다고 하자, 다음과 같은 사헌부의 계가 올려졌다. "신하가 임금을 섬기고 또 지어미가 지아비를 섬기는 데는 하나를 따르고 다른 것을 물리치는 것이니, 이것이 천지상도요 인사의 대용이 온즉, 하물며 더러 실신失身한 부인들은 그 지아비의 집과 이미 대의가 끊겼으니 어찌 재결합을 허가하여 그 부모를 섬기게 하며, 조상에게 제사지내게 하며 또 그 자손을 낳아 그 가세를 잇게 하리요. 우리나라는 예절을 받드는 나라로 그 백년 대에 가법

아름다움이 그대를 속일지라도

성과 섹슈얼리티에 대한 통제나 강압이 병적으로 집착적이다. 자신들의 패배와 실수를 약자인 여자를 때리는 것으로, 자신들의 전쟁 패배나 실책을 여자들의 실절(失節, 정절을 잃음)에 대한 사헌부의 계로 덮어버린다.

이것이 현재의 여친노출인증 놀이나 리벤지포르노 혹은 성관계 몰카와 무엇이 다른가? 그럼에도 지금은 그래도 조선시대에 비하면 훨씬 나으니, "여자와 남자가 현시점 동등치 않단 건 좀 이해 안 된다"고 합창을 한다. 500년 전과 비교할 때 지금은 평등하니까? 여성들이 조선시대나 과거 1·4후퇴 때처럼 안으로 삭히며 한(恨)을 품고 살지 않고, 살려달라고 밖으로 말하는 게 시끄러워서? 여성들이 감히 밖으로 분노를 표출해서?

하루도 온전한 날이 없다. 하루나 이틀 걸러 여성 살해 페미사이드가 뉴스를 장식한다. 그래서 정말이지 래퍼 슬릭의 말대로 여성들이 바라는 것은 아주 단순하고 절박하다. "죽이지 않기, 강간하지 않기, 폭행하지 않기, 죽이고 강간하고 폭행하면서 피해자 탓하지 않기"이다. 연애에서 안전하게 살아남아야 하고, 노출인증이나 성관계 몰카, 리벤지포르노로부터 살아남아야 하고, 아빠 친구나 친구 아빠로부터도 목숨 걸고 살아남아야 하고 결혼하려다가도 자칫 살아남기

이 가장 바로 서 있어 전후변란에 목숨을 버리고 더럽히지 않은 이로도 부인이 가장 많았으니, 그 풍습의 아름다움이 인간기강을 유지하여 왔사옵니다.

위해 고군분투해야 하는 폭력으로 얼룩진 나날들이다.

인간과 인간, 아니 특정한 인간집단과 다른 인간집단, 즉 남성의 여성에 대한 모든 폭력행위는 본질적으로 한 사회의 정치적, 사회적, 도덕적 수준을 반영한다. 그러한 폭력을 방치할 경우 이러한 부정의와 불평등한 관행들과 법률체계는 현재뿐 아니라 미래의 한국 사회를 결정하는 가장 큰 걸림돌이 될 것이다. 이미 여성다움에 대한 남성다움의 폭력들은 나날이 증폭되고 있지만, 가부장 권력은 자신들만의 민주와 평등에 취해 아웃오브안중이거나 쳐다보는 척만 한다. "슬픔도 노여움도 없이 살아가는 자는 조국을 사랑하고 있지 않다"는 네크라소프의 시구를 인용한 항소이유서가 유행을 했다. 여성들은, 목숨을 버리고도 자신을 지켜준 조국이 한 번도 없었던 여성들은 그런 시조차 마음대로 읊을 수가 없다. 여성을 위한 조국이었던 그 조국이 잘 생각나지 않기에 …… 조선시대에도, 개화기에도, 그리고 21세기 현재에도.

여성에 대한 성폭력, 물리적 폭력과 살해의 위협으로 하루도 온전한 날이 없음에 젊은 여성들은 온라인에서 머리를 자르고 화장품을 부숴버리며 탈코르셋에 나서고 있다. 누가 너희더러 화장하라 했냐고? "그게 결국에는 다 남자 프레임 기준이라니 우리가 언제 예뻐야만 된다 했는데, 지네가 지 만족 위해 성형 다 하더니 유치하게 브라 안차고 겨털 안 밀고 머리 짧게 잘라 뭐 깨어있는 진보적인 여성이라도 되냐?"고 래퍼 산이는 탈코르셋과 페미니스트들을 비아냥거린다. 그래? 그대는 빼주지. 욕설하다 발뺌하는 산이 그대는, 노래의 화자

는 자신이 아니라고 그 뻔한 거짓말까지 했던 그대 하나쯤은 먼지처럼 무시해주지. 그러나

"너는

모르겠지만

나는

포기하지 않아"

— 신준모, 『꿔준 만원』에서

온라인에는 탈코르셋 인증 사진이나 동영상들만 올라와 있지만, 실제 주변에서 탈코르셋을 한 여성들의 비포/애프터를 보면, 비포의 그들 모습이 한없이 평범하고 아름답다. 비포 사진 속 그녀들은 그럴 듯한 화장과 긴 머리를 자랑하고 온순하게 웃고 있다. 소위 아름다워서 섹시하다.

그럼 누가 빛나는 이 여성들로 하여금, 가슴 설레는 스무 살의 뛰어난 젊음들로 하여금 이 모든 화장과 꾸밈, 아름다움과 섹시함을 벗게 한 것일까? 왜 가족과 주변으로부터 비난이나 눈총을 받으면서도 온순한 여성들이 불온한 민낯을 하고 불편한 말들을 하게 된 것일까? 그들이 남자로부터 사랑을 받지 못해서? 못생겨서? 혹은 사이코패스라서? 그들이 탈코르셋을 한 것은 그들이 못생겼거나 남자로부터 사랑을 받지 못해서 혹은 그 어떤 정신적인 문제가 있어 정상적인

여성으로 성장하지 못해서가 아니라, 현재의 대한민국이 이 시대 가장 탁월하고 순수하게 빛나는 젊은이들을 가장 열렬한 페미니스트 투사, 분노의 아이콘으로 만들어내는 여성에 대한 부정의와 불평등을 줄곧 외면해 왔기 때문이다.

개화기 여성들의 탈코르셋:
조신함과 쓰개치마를 벗어던지다

　화장과 긴 머리, 여성다운 아름다움 속에 감추어진 진실을 드러내고자 한 것은 현재의 탈코르셋 운동이 처음은 아니다. 오래 전 이 땅에서 누구보다 먼저 세상에 대해 분노한 여성들의 목소리가 있다. 그것도 아주아주 오랜 옛날, 개화기와 일제강점기 시절 여성들의 분노에 찬 목소리가 세상을 바꾼 적이 있다. 현재 여성의 아름다움, 꾸밈과 형태는 다르지만, 역시 여성의 아름다움이 강조되던 시대, 여성의 외모와 옷차림이 남성을 위한, 남성에 의한, 남성의 여성 길들이기임을 의심하고 분노했던 여성들이 일찍이 이 땅위에 있었으니, 바로 20세기 초 쓰개치마 벗기 운동의 주인공들이다. 백여 년 전 개화기와 일제 강점기 여성들이 화장이나 긴 머리가 아니라 장옷, 쓰개치마의

○ 쓰개치마를 입은 개화기 여성

불편함을 내세워 쓰개치마와 장옷 벗기 운동을 했다. 그게 그러니까 조선시대 남존여비의 내외법에 따라 여성에게 장옷, 쓰개치마, 천의, 삿갓 따위로 얼굴을 가리라 명한 것이었는데, 개화기 여성들은 바로 그 내외법과 쓰개에 대해 시위를 벌인 것이다. 쓰개치마가 어느날 개화기가 되어 문득 사라진 것이 아니다.

"우리들의 적은 일본인만은 아니었다. 우리는 평생 우리를 억압하는 한국의 오랜 풍속과도 싸워야 했다. 쓰개치마가 그 한 예였다.

아름다움이 그대를 속일지라도

쓰개치마는 아마포로 만들었는데 머리에서 발끝까지 몸을 가려서 우리를 모직포로 재어놓은 것처럼 보이게 만들었다. 그것은 불편함 뿐 아니라 생활공동체에서 여성이 남자와 평등한 위치를 가질 수 없다는 것을 강조한 것이었다. 쓰개치마를 입은 여자의 말에 남자들이 귀를 기울이게 만드는 것은 상상도 할 수 없는 일이었다."

현재의 탈코르셋과 너무도 유사한 이 글은 백여 년 전 전주 기전여학교에서 쓰개치마 거부 운동을 주동했던 임영신 (박사)의 고백이다. 보수적이고 전근대적인 풍습에 반대하며, 쓰개치마 벗기 시위를 벌이는 이유를 서술한 글이다. 여학교 학생들이 쓰개치마 쓰기를 거부하기 시작한 것이다. 이쯤 되면 예상하겠지만, 쓰개치마를 거부하게 되면서 그들 중 몇몇 학생들은 퇴학당하기도 하고 학부모들이 소환되는 등 문제가 발생하기도 했다. 즉 이 일로 인해 학생 5명이 퇴학처분을 당하자 학생들은 퇴학처분 철회를 요구하며 등교거부운동, 동맹휴학 운동을 하면서 결국 학교 측으로부터 쓰개치마를 입지 않아도 되고 아무도 퇴학시키지 않는다는 약속을 받아냈다.

이후 이러한 사실이 서울에도 알려져 여학교마다 '쓰개 폐지 조치'를 연달아 내렸다. 배화학당에서 마지막으로 쓰개치마를 폐지했다. 결국 1916년부터는 소녀나 처녀들이 외출할 때 쓰개치마를 입지 않는 현상이 전국적으로 확산되었다. 여학생들이 쓰개 벗기의 선두주자였던 셈이다. 물론 쓰개 벗기를 최초로 시도한 것은 엄격하게 말하자면 이들 여학교 학생들은 아니다.

> "여자가 남자와 평등한 권리를 회복해서 문명국 부인과 같이 사회
> 적으로 교제를 하려면 의복을 개량하고 장옷인지 몽고복인지를
> 폐지하고 얼굴을 드러내야 한다……. 여자의 자유로 얼굴을 드러
> 내는 것이 국법을 위반하는 것도 아니요 풍속개량이 진보되고 발
> 달되는 활동력으로 찬성하노니……"
>
> ― 의복개량-여자의제 2, 「만세보」 1906, 논설

개화기 논설에서도 이미 여성의복 개량 문제의 핵심으로 제기된
것이 쓰개치마였던 것이다. 이러한 쓰개가 조선시대 오백여 년 계속
되어 온 내외법 관습을 하루아침에 철폐시킨 것은 아니지만, 여학생
들의 밀물처럼 일어난 쓰개 벗기 운동이 기폭제가 되어 결국 조선사
회에서, 한반도에서 쓰개를 벗어던지게 된다.

사실 쓰개는 여성들이 활발하게 거리로 진출해 걸어 다닐 때 물리
적으로만 방해하는 역할을 한 것이 아니다. 그것은 여성들이 공적 영
역으로 진출할 때면 꼭 써야하는 여성이라는 낙인, 남성과 동등한
존재가 아니라는 열등한 존재의 흔적이기도 했다. 물론 쓰개가 없어
졌다고 해서 여성들이 얼굴을 대놓고 마음대로 거리에 나설 수 있었
던 것은 아니다. 여성들은 쓰개 대신 양산으로 얼굴 가리개 역할을
대치하거나 부채를 비롯해 목도리와 솔을 이용해 얼굴을 가리고 다
녔다. 그냥 얼굴 하나 내놓고 다니는 게 이리 힘들었다.

아름다움이 그대를 속일지라도

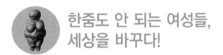

한줌도 안 되는 여성들, 세상을 바꾸다!

그런데 쓰개를, 조선의 오백 년 내외법 중 가장 전면에 있던 쓰개치마를 벗게 한 기폭제가 되었던 여학생들의 숫자를 보면 깜짝 놀랄 것이다. 그 숫자가 한줌도 안 되기 때문이다. 다음 페이지 위 사진은 1900년 미국인 선교사에 의해 6명의 소녀들과 함께 출발한 기전여학교의 최초 건물과 학생들을 찍은 1904년 사진이다. 아마도 전교생이거나 전교생에 가까울 가능성이 높다. 아래 사진은 이화학당 학생들의 쓰개치마 벗은 모습이다. 여기도 마찬가지로 전교생이거나 졸업생일 확률이 높다. 당시에는 여성천시 풍조에서 학생을 구하기 어려워 대부분 한두 명의 고아로 충원되기도 한 덕분에 초기 여학교는 고아원 형태였다. 학생 숫자라는 것을 따지기가 어렵다. 개화파에서 여성

○ 최초의 기전여학교 건물

○ 이화학당 학생들의 쓰개치마를 벗은 모습

아름다움이 그대를 속일지라도

교육의 필요성을 역설하기는 했지만, 일반 가정에서 여성에게 딸들에게 교육의 필요를 느끼는 경우가 워낙 드물었기 때문이다. 그래서 이화학당과 같은 개화기 학교는 학생 수가 고작해야 보통 10-30명 정도가 전교생일만큼 아주 소규모로 운영되었다. 오늘날 우리가 익숙한 학교 규모 때문에 여학교나 여학당이 어느 정도 규모를 하고 있을 것으로 생각하기 쉽다. 그러나 여성을 학교로 보낸다는 사고 자체가 드물었을 때라 어쩌면 이것도 놀라운 숫자일 수 있다.

상황이 이런 만큼, 당시 학생 수를 정확하게 추적하기란 쉽지 않지만, 가능한 대체적인 숫자를 알기 위해 1910년대 생겨난 여학교들과 이후 생겨난 여학교들의 여성교육 실태를 잠시 살펴보면 다음과 같다. 1911년 일제는 「조선교육령」에 의해 여성중등교육을 위한 교육기관으로 여자고등보통학교들을 설치했다. 물론 여자보통교육학교 외에도 기독교계 여학교들이 있었고, 진명부인회 같은 여성단체들에 세워진 여학교도 있었다. 이들 기독교계 여학교들은 성경교육 및 종교의식을 금지시킨 법규내용에 반대해 여자고등보통학교로의 개편을 거부했다. 그러나 일제가 끝까지 이들 학교를 종용하여 1913년 이화학당, 1918년 호수돈여학교, 1920년 정의여학교 등 많은 여학교가 여자고등보통학교로 개편되었다. 그렇다 해도 1919년 여학생 수는 공립 179명, 사립 224명, 도합 전체 403명이었다. 1929년에는 공립 1609명, 사립 2589명, 도합 4199명으로 확대되었다.[4] 어쨌든 1910년대 여학생은 그 숫자가 가장 많았던 1919년에 기껏해야 1000여 명에도 한참 미치지 못하는 403명에 불과했다.

이 숫자는 조선 전체의 인구가 오늘날과는 비교도 안 되게 적다고 해도 정말이지 적은 숫자이다. 일제가 신뢰 가능한 인구통계를 낸 것이 1925년이라고 하지만, 보통 그 이전인 1910년대 인구를 1700만 명 정도로 추정한다. 그렇다면 1700만 명 중 고작 400여 명 내외밖에 안 되는 여학생들의 1910년대 쓰개 벗기 운동이 10년-20년 내에 조선, 아니 고려시대부터 시작된 오랜 여성의 굴레를 벗겨버리는 데 성공한 셈이다. 비록 1920년대까지도 보수적인 일반인들은 쓰개치마를 입고 다녔다고는 해도 놀라운 결과라고 할 수 있다. 오늘날 탈코르셋 운동이 용기를 잃지 말아야 할 이유다. SNS도 별그램도 없던 시절, 페미니즘 교육도 제대로 없던 시절 한 줌도 안 되는 여성들이 조선 500여 년 쓰개치마를 벗겨냈으니 말이다.

조선 남자들은 흑립이든 갓이든 쓰고 조선시대 내내 얼굴 잘 내놓고 신분이나 햇빛 보호 기능을 누리며 다녔던 것과 비교하면, 여성의 쓰개는 문자 그대로 여성차별과 억압의 상징이다. 이런 쓰개치마를 겨우 한줌도 안 되는 여성들이 거부 운동과 시위를 벌임으로써 쓰개 벗기는 여성 해방의 상징물이 되었다. 오늘날 쓰개를 벗고 있는 것이 당연한 것으로 여겨지겠지만, 오늘날에도 여전히 히잡을 쓰고 있거나 현재 2018년 사우디와 이란에서 인증사진을 올리며 니캅(히잡의

---

4 박철희, '일제 강점기 여자고등보통학교 교육기회분배와 졸업생 진로에 관한 연구', 『한국교육사학』, 2006, 28권 2호, 52쪽.

아름다움이 그대를 속일지라도

○ 쓰개벗기 운동 당시의 유관순 열사

○ 옥중 사진

일종)을 벗어던지자는 운동, 일명 '니캅 밟기 운동'이 일고 있는 중동 여성들의 상황을 보면, 백여 년 전 얼굴도 알 수 없는 여성들이 현재의 우리를 살린 셈이다. 특히 백여 년 전 여성들 중 우리가 익히 아는, 반가운 얼굴이 있다. 유관순이다. 1920년에도 일반 여성들은 여전히 쓰개치마를 쓰고 다녔던 점을 생각할 때, 그녀의 옥중 사진도 쓰개를 벗은, 당대 탈코르셋 모습이다. 앞 페이지 위 사진은 그녀가 훨씬 어릴 때 모습으로 볼 때 한참 쓰개 벗기 운동이 벌어지던 시기 모습으로 보인다.

쓰개치마 벗기 운동을 통해 우리가 분명하게 알아야 할 것은 오늘날 우리 여성들의 외모, 의복, 패션 그 어떤 것도 저절로 획득된 것이 없다는 사실이다. 물론 단발령의 경우처럼, 일제의 강요가 내포되어 있어 강력한 반발에 부딪치기는 했지만, 남성의 경우 서양 남성정장이 비교적 자연스럽게 혹은 엘리트 남성의 지적이고 현대적인 상징으로 여겨진 것과 달리 여성의 경우에는 개화기가 되었다고, 해방이 되었다고 자연스럽게 쓰개를 벗거나 양장으로 갈아입었던 것이 아니다. 이란과 사우디에서 지금 니캅 밟기 운동이 벌어지고 있는 것처럼, 백여 년 전 여성들의 쓰개 벗기 운동으로부터 시작해 우리 몸에 걸치는 옷이며 화장이며 등등이 투쟁이나 비난을 뚫고 관철시켜 온 것이기 때문이다. 여성들이 바지 하나 입을 때, 머리를 잘라 단발머리를 시작했을 때, 그리고 해방 후 본격적으로 명동에서 서양 양장을 여성들이 입기 시작할 때, 그때마다 이 땅의 선비들은 깜짝 놀라며 나라를 팔아먹느니 양공주니 등등 무슨 큰 잘못이라도 한 양 비난을 퍼부었다. 여성이 여성 스스로의 외모를 택하는 것이 그만큼 호락호락하지 않았던 것이다. 이때 항상 여성의 발목을 잡았던 것이 바로 가부장적 여성성과 도덕성으로 듬뿍 포장한 조신한 아름다움이라는 명분이었다. 여성들에게 어린 시절부터 외적, 내적으로 이러한 아름다움을 깊숙이 내면화, 습관화시키며, 이 규칙을 지키지 않으면, 소위 가부장적으로 여성답게 입지 않으면, 도덕적으로 비난을 가하며 모욕과 굴욕, 때론 생명의 위협을 가했다. 그리고 지금까지 남성 중심적 여성성과 아름다움이 덧씌워진 가면, 여성에 대한 정치적 지배의 가면을 마치 생물학적 여성의 본성처럼 가장해 왔다.

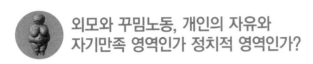

외모와 꾸밈노동, 개인의 자유와
자기만족 영역인가 정치적 영역인가?

일반적으로 화장이나 패션과 같은 외모의 영역을 개인적이고 자유로운 개성과 자기표현의 영역으로 이해하기 쉽다. 그렇다. 맞다. 패션이나 스타일은 개인의 자유 영역이자 자기 개성이나 취향의 표현이다. 그러나 거기엔 아주 명백한 한계가 그어져 있다.

군인은 멀리서 보면 모두 동일한 군복에 짧은 머리crew cut가 똑같다. 그러나 가까이 가면, 아니 그들 내에서는 수많은 차이를 이야기한다. 선임병사 이발병은 후임에게 이발 기술을 전수하며 가르친다. "군인 머리쯤이야 라고 생각하면 오산이다." 그 빡빡 깎아 짧디짧은 군인의 스포츠머리에도 "유행이 있고 스타일이 있다." 군인 헤어스타일에서 1mm는 엄청난, 수천 가지 차이를 낳을 만큼 크다. 그러니 그

아름다움이 그대를 속일지라도

런 걸 생각해서 예민하게 깎으라는 말이다. 그런 것을 무시하는 건 그야말로 군인의 취향을 그냥 무시하는, 거짓말 조금 보태서 무지막지한 인권탄압이다. 실제 군 이발병 출신 헤어디자이너는 사회인에게는 똑같아 보이는 군인들의 짧은 머리가 그야말로 수천 가지라고 한다. 하물며 "한번 해병은 영원한 해병Once Marine, Forever Marine"이라는 해병대 헤어스타일을 보면 옆머리는 완전 밀어 거의 머리 위에서 빳빳한 잔디를 기르는 것처럼 특이하다. 그런데 이 헤어스타일은 미해병대가 오스만제국 군대 헤어스타일을 모방한 것이고, 우리 해병대가 다시 그 헤어스타일을 따라했다고 한다. 오스만투르크 군대가 이러한 스타일을 한 이유는 기독교와의 전투에서 적에게 포로로 잡히면, 적이 쉽게 자신들의 머리카락 뭉치를 잡고 목을 자르도록 하기 위해서라고 한다. 한마디로 오스만투르크 군인들이 기독교부대에게 죽임을 당해도 알라와 술탄의 이름으로 꼿꼿하게 죽겠다는 의지의 표현인 것이다.

아마도 세상에서 가장 단순해서 차이라곤 전혀 없을 것 같은 군인 머리스타일도 이렇게 유행이 있고 스타일이 있고 거기 담긴 의미도 모두 다르다. 그러나 한 가지 분명한 사실은 현대에 와서, 특히 우리나라 군인의 헤어스타일은 미세한 차이는 있지만 일정한 규칙 내에 있다는 것이다. 짧은 스포츠머리 그 안에서 혹은 그 언저리에서. 절대 그 규칙을 벗어나서는 안 된다. 그러면 그들 각자는 개성이 있다고 해야 할까? 그것은 과연 개인의 자유로운 자기표현이라고 해야 할까?

여성의 꾸밈이나 외모, 화장 역시 언뜻 보기에 끊임없이 요동치며 변화하는 것처럼 자유로워 보인다. 빨간 립스틱 경우만 해도 아주 다양한 변주를 보이며 여성의 분위기를 바꾸지만, 남자들은 알아차리지도 못한다. 마치 수천 가지 변주를 보인다는 남자 군인 머리 1mm가 여성들의 눈에는 보이지도 않는 것과 같다. 그러나 여성 외모나 패션 구조가 변하는 것은 아니다. 장식과 액세서리, 정교한 마무리가 필요한 부분, 구별이 필요한 부분은 패션의 급속한 변화에 특히 영향을 받지만, 전체적인 여성복 구조나 일반 형태 실루엣은 고정적이다. 여성/남성패션의 변화는 주로 의복의 가장 피상적인 요소들에 영향을 미치며 의복 전체의 윤곽에는 영향을 덜 미치기 때문이다. 외모와 패션 유행의 변화는 이렇게 정해진 여성적/남성적 스타일이나 실루엣의 질서를 배경으로 해서만 나타날 수 있다. 그래서 외모나 패션은 탈정치적이거나 탈성적이기 어렵다. 그럴수록 순수한 개인의 자유와 개성의 자기표현 영역이나 자기만족이라고 하기 어렵다.

아름다움이 그대를 속일지라도

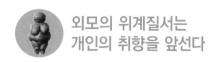

외모의 위계질서는
개인의 취향을 앞선다

한 사회 지배세력의 통치구도나 정치사회적 통제가 군인의 헤어스타일을 규정하듯, 권력은 외모와 패션의 위계서열을 통해 사회 전체의 계급, 성, 직업에 따라 외적인 질서를 가장 먼저 정리하고 배치한다. 외모의 구분과 질서가 정해지지 않으면 통치가 불가능하기 때문이다. 전근대사회에서 국가의 다른 정책이 시행되기 전에 왕, 귀족, 신하들, 군인들, 귀족여성들, 미혼여성들, 하인들, 하녀들, 평인남성들, 평인여성들에게 먼저 외모의 질서가 정해지고 실행된다. 이렇게 외모 안에는 개인적 취향이나 자유 이전에 지배세력의 사유와 통치방식이 가장 먼저 들어가 있어서, 한 사회에서 내 외모는 성별, 계층별 위계질서를 그 어떤 영역보다 잘 보여준다.

권력의 위계질서가 눈에 보이는 형태로 물리적으로, 물질적으로 가시화되어 구별되었던 것이다. 지배자들은 가장 사치스러운 화려함이나 권위와 권력을 독점하면서 동시에 물리적·육체적인 폭력을 통해 피지배자들의 외모를 관리하며 지배해 왔다는 점에서 전근대사회에서 왕이나 귀족들의 외모와 스타일은 곧 권력의 행사이자 연습이다.

역사 이래 현재에 이르기까지 각 사회는 사회적 계급이나 정치적 역할, 성적 역할 등의 고정된 신분이나 지위에 따라 외형과 실루엣, 옷 스타일을 정해 왔기에, 외모는 정치적, 사회적으로 고정된 구별을 명확하게 드러내는 지표이다. 개인의 취향은 바로 이러한 계급적, 정치적, 성적 역할의 구별에 따라 자세하게 구분된 후 약간의 여지만을 남겨둔 상태에서의 소위 1㎜의 자유 이야기다. 외모는 결코 우연이거나 타고난 특성이 아니라 절대적으로 의도적인 고안으로서 정치적 지배를 위한 것이기 때문이다. 그러므로 전근대사회에서 이러한 외모의 불평등과 차이는 신분의 불평등이자 구별로서 오늘날 인권의 관점에서 볼 때 악습 중 최악이다. 왜냐하면 바로 눈앞에서, 사람 면전에서 차별하고 무시하는 것이 바로 외모의 불평등이기 때문이다. 이러한 상황에서 개인의 자유란, 외모에서 개인의 자유란 차별 내에서의 제한된 운용일 뿐이다. 언제나 외모는 정치의 전면에 있으면서도 마치 보이지 않는 듯이 여겨왔지만, 계급적, 성별 불평등에 따른 외모의 구별은 필수이므로, 개인의 자유나 취향이라는 것은 아주 제한적일 수밖에 없다. 특히 외모를 정치적인 관점에서 보게 되면, 개인

아름다움이 그대를 속일지라도

의 자유란 없다고 보는 것이 타당하다. 개인이 전체를 선택하는 것이 아니라 주어진 제한 내에서만 선택하는 것이기 때문이다. 1㎝가 아닌 1㎜를.

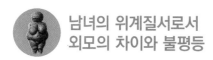

남녀의 위계질서로서
외모의 차이와 불평등

　결과적으로 개인의 외모는 개인적이고 사적이기는 하지만, 무엇보다도 그 개인이 위치하는 객관적이고 사회적인 위치나 서열, 위계를 가장 크게 실감하는 정치적 영역에 속한다. 언제나 후자가 먼저이다. 사회적 서열이나 규칙에 맞는 외모를 취해야 하고, 그 안에서 각자의 체형이나 키, 나이, 연령, 사회적 맥락에 따라 자유가 주어진다. 그러니까 정확하게 정치적 질서대로, 권력이 지향하는 질서의 합의대로 외모의 질서가 정해진다. 개인의 취향 정도로 알려진 것과 달리 외모와 패션은 인간과 인간사회를 형성하는 아주 근본적인 정치영역에 속하는 것이다. 다행히도 오늘날 사회가 민주화되면서 외모와 패션의 계급적인 구별이나 차별은 약화되고 있다. 외모에서 계급구별은

　　　　　　　　　아름다움이 그대를 속일지라도

민주화의 진전에 따라 사라져 가고 있는 것이다.

그러나 21세기에 와서도 여전히 아주 뚜렷하게 외모의 구별이 남아 있는데, 그것이 바로 남녀 간의 외모구별이다. 외모의 사회적 통제와 정치는 보이지 않은 채 언뜻 자유롭고 개성적인 취향의 영역처럼 보이기에, 여성의 외모 꾸밈이나 아름다움의 문제는 아주 개인적이고 사적인 것, 혹은 본성적인 것으로 생각하기 쉽다. 물론 누군가는 유니섹스적인 의복을 입기도 하고, 패션이 민주화되면서 다양한 형태들을 취하기도 한다. 그러나 그럼에도 불구하고, 성이 관계하는 곳에서는 그 패션의 형태나 위치가 평등하지 않은 경우가 대부분이다. 전근대사회의 유행의상이 사회적 계급, 성, 인종적 구별과 그 정체성을 표현하는 데 이용되어 왔다고 한다면, 오늘날 유행의상의 메시지는 주로 여성과 남성의 성역할인 경우가 많다. 외모와 패션 세계에서 성차의 재현은 사회적 계급의 재현보다 더 끈질기게 나타나고 있는 것이다. 사회의 민주화가 진전되면서 외모나 패션으로 계급이나 사회적인 정체성을 나타내는 것은 민주화되었지만, 성적 정체성을 드러내는 광고의 이미지와 사람들의 사고 속 여성 이미지는 약화되기는커녕 오히려 남녀차별이 더 강해지고 있다. 의복과 패션을 통한 계급적, 신분적 정체성의 구별의 약화와는 달리 성의 정체성을 지정하고 여성의 신체를 에로틱한 것으로 만들려는 경향, 여성에 대한 성적 차별화는 여전히 재생산되며 강력하게 기능하고 있기 때문이다. 외모나 패션만큼 인간과 사회를 구성하며 여성다움과 남성다움과 도덕과 법을 만들며, 인간의 사고를 옷감 하나하나 속에 세밀하게 담고 있는 영역도 없기 때문이다. 가부장적 남성중심 사회질서 유지를 가능하게 하는 것도 바로 남/녀의 차이, 지배/피지배 차이를 드러내는 외모를 통해서이다. 이러한 외모의 차별이 없이는 남성의 여성지배가 가능하지 않다.

그러므로 현재 가장 강력하게 남아있는 사회적, 정치적 구분으로서 남녀 간의 외모의 질서는 차이가 아닌 차별적 질서로서 사실상 남녀의 위계질서를 반영한다. 그런데 이 질서가 단순한 남녀 차이나 취향으로 여겨지는 경향이 있다. 그리고 모든 외모와 꾸밈의 취향이나 개성이 마치 자연본성, 여성적 본성이나 남성적 본성에 의한 것처럼 여겨진다. 부르디외(P. Bourdieu)가 말하듯, 소위 정통적인 남자와 여자의 구분을 바지/치마, 짧은 머리/긴 머리, 맨얼굴/화장 등등으로 구분하는 것을 자연적인 것으로 여기는 경향이 있다. 우리는 암묵적으로 이러한 특정한 구분과 지각방식을 인간 남녀의 본성에 따른 유일한 표현방식으로 여기고 있는 것이다. 그러나 이러한 지각 방식과 구분을 마치 변하지 않는 본질이라고 보고, 이에 따라 남성성에서 남성패션이 탄생하고, 여성성에서 여성패션이 탄생한 것처럼 생각하는 것은 위험한 환상이다.[5] 그러므로 진실은 이러하다. 외모에 대한 개인의 취향, 특히 외모에 대한 성적 취향을 둘러싼 투쟁은 항상 어느 한쪽의 특정한 생활양식에 대한 강요, 즉 가부장적 남성중심의

---

5   P. 부르디외, 『구별짓기: 문화와 취향의 사회학 상』, 최종철 옮김, 새물결, 60쪽.

생활양식에 따른 강요가 핵심적으로 자리 잡고 있다. 전근대사회 왕, 귀족 등 지배계급의 생활방식을 중심으로 피지배계급의 생활양식이 결정되었듯이 말이다. 그래서 이 패션의 취향에서 벗어나려 하는 것은 기존의 사회적, 정치적 질서를 거부하는 것이며 특정한 생활양식, 즉 예를 들면 가부장제나 유교와 같은 생활양식을 거부하는 것이다. 이에 대해 거센 비난과 폭력적인 언사가 쏟아지는 이유이다. 아름다운 질서를 흐트러뜨리려고 해? 전근대사회였으면 단두대에 혹은 화형에 처했을 것이다.

왜 남자처럼 보이려고 해?: 남성의 외모, 사회의 중립적 표준이 되다

탈코르셋이 온라인과 오프라인에서 등장하기 시작하자 온갖 다양한 역공을 취하며 이에 대해 남자모습 같다고 비아냥이 쏟아졌다. 미학자로서, 패션연구가로서 답을 하자면, 그것은 너무나 당연하다. 짧은 머리, 투블럭 컷, 반삭 혹은 삭발, 민낯, 탈브라, 트렁크팬츠, 남성용 트레이닝복(주머니 첨부) 등등의 탈코르셋 스타일은 말 그대로 남성복이나 남성외모 스타일에서 온 것이다. 덕분에 이 스타일이나 항목들은 그동안 남성들의 놀이대상으로 인식되었던 여성의 외모와 몸을 하루아침에 성희롱과 성폭력으로부터 여성을 보호해준다. 외모와 몸, 패션의 역사는 사회적으로 강력한 권력을 차지해 온 귀족이나 왕족의 외모와 패션을 따라하는 것이 대부분이었다. 그런데 신분이

아름다움이 그대를 속일지라도

나 계급이 희미한 지금 가장 강력한 차별 혹은 구별짓기로서 외모와 몸은, 앞서 언급했듯, 여성과 남성의 구분이다. 그리고 역사적으로 남성은 언제나 여성보다 권력을 독차지하고 권력복식과 권력외모를 취해 왔다. 그리고 그 남성복이나 남성외모는 그 권력 덕분에 제아무리 성기를 앞에 노골적으로 강조하고 하이힐을 신어도 결코 성희롱이나 성폭력을 당한 적이 없다. 여기는 아예 성희롱이나 성폭력 무풍지대이다. 그러므로 탈코르셋의 결과가 남성외모와 크게 구분되지 않는다면, 그것은 너무 당연한 일이다. 탈코르셋은 남성이 누려온 권력적 외모의 모방을 통해 남성만 독점해 온, 여성을 지배해 온 남성권력에 도전하고 평등을 추구하기 때문이다. 이것이 남자들이 탈코르셋을 불편하게 생각하고 불쾌하게 여기는 이유일 것이다. 여성에 대한 성적 대상화나 성희롱이란 여성의 인간적 성취에 대한 남성적 위기의식을 반영하는 것이다. 그런데 여성의 인간적·사회적 성취를 선언하는 탈코르셋과 그 외모는 더 이상 성적 대상화나 성희롱을 불가능하게 하므로 남성들은 탈코르셋에 불편함이나 불쾌감을 느끼는 것이다.

또한 탈코르셋을 한 결과가, 그것이 비판하고자 했던 남성들의 외형을 의도적으로 따라했건 아니건, 남성의 외모와 닮았다면, 그 이유는 역사적으로 여성의 그것보다, 같은 계급에서조차 언제나 더 바람직한 것으로 여겨졌고, 더 권력적이며 힘 있는 사회의 표준이자 최고로 여겨져 왔기 때문이다. 특히 현재 남성들의 짧은 머리, 정장, 셔츠와 바지, 낮은 굽의 구두나 운동화는 활동적이고 몸의 움직임이 자유로우며 유사시 빠른 동작이 가능하다. 이에 반해 여성의 모습은 원피스나 화장, 긴 머리, 블라우스 치마, 스타킹, 하이힐이다. 후자는 몸의 움직임이 표준의 남성차림에 비해 자유롭지 못하다. 역사적으로 여성복식이나 패션, 외모가 남성의 그것들보다 더 높은 지위나 권력을 차지해 본 적이 없다. 패션의 심미적 특성은 배제하고 패션이 의미하는 젠더관계를 볼 때 그러하다.

그러므로 탈코르셋의 결과가 남자처럼 보이는 것은 너무도 당연하다. 사회에서 더 바람직하고 권력적인 것으로서 성희롱과 성폭력이 가해지지 않는 표준을 채택하는 것은 합리적 이성이 있는 자라면 당연한 선택 아닌가! 그러나 사실은 여성성을 규정하는 차림들을 거부하다 보니, 결과적으로 남자 같은 외모가 도출된 것일 가능성이 높다. 즉 긴 머리 대신 짧은 머리, 화장 대신 민낯, 블라우스나 원피스 대신 셔츠와 바지, 하이힐 대신 운동화를 신었더니 남자와 같은 차림이 되었다. 이런 결과는 아이러니가 아니라, 바로 남성성의 규정이 곧 여성성의 부정이라는 의미가 되고, 남성적 외모는 결국 자연 그대로라기보다 여성스러움이란 특징들로부터 도망가거나 경멸하며 나온 결과물일 수 있다. 소위 여성성이란 남성들이 남성성의 타자, 즉 남성들 안에 있는 타자로서 부정적이라 여겨지는 것들을 여성에게 투사한 것들에 지나지 않기 때문이다. 그렇다면 굳이 권력의 연습과 행사라는 목표를 두고 남자처럼 보이려 노력한 것이 아니라 해도, 탈코르셋의 외모가 남자처럼 보인다는 것은 필연적이다. 여성들은 평등한 권력과 권리를 연습하고 싶은 거니까. 권리와 권력의 행사란 일상에

○ 클로드 카운

서 연습하지 않으면 나오지 않는 것이니까.

위 남성 스타일 사진은 1980년대 초현실주의 작가 클로드 카운
(Claude Cahun)이 남성의 복장과 머리 스타일, 남성적인 자세를 찍
은 것이다. 젠더 불평등에 대한 반항과 도전, 가부장적 권력과 여성성
에 대한 거부를 담고 있다는 점에서 그녀의 이 모습들은 탈코르셋적
이다. 그런데 이러한 크로스드레싱을 보면, 남자인지 여자인지 구별
이 불가능하다. 만일 모든 여성이 이렇게 입는다면, 남성의 여성 지배
가 어떻게 가능할 수 있을까?[6] 이 모습은 정장이나 셔츠 차림, 짧거
나 삭발한 머리가 남자로 보이기도 하지만, 무엇보다도 남성의 모습

은 여성의 외모와 비교할 때 위협적이거나 폭력적 혹은 권위적이다. 지배세력의 외모나 패션은 곧 권력의 연습이거나 행사였기 때문이다. 만일 탈코르셋의 결과가 그와 같은 결과라면, 그것은 아주 자연스러운 일이다. 지금, 여성들이 원하는 것은 단지 꽃이 아니라 불꽃이니까!

---

6   Sheila Jeffreys, Beauty and Misogyny: Harmful Cultural Practices in the West, Routledge, London, 2005, 21–24쪽.

2

아름다움의 심리학과 진화론:
아름다움 다시 읽기

'여성성과 아름다움은 남성중심사회에서 남성들
이 여성들로부터 원하는 성적, 감정적, 재생산적
서비스를 얻어내기 위해 가하는 물리적 테러와
폭력의 공포아래 남성을 기쁘게 해주려는 행동
들이다. 비록 그 위협은 낭만적인 외양을 띄기에
알아 차리기 쉽지 않지만 ……'
-디 그레이엄,

Loving to Survive: Sexual Terror,
Men's Violence, and Women's Lives

사례 1. 치어리더에 대한 성희롱, 성추행과 국민청원

2018년 12월, 청와대 국민청원게시판이 치어리더 폐지 요청과 폐지 반대 요청으로 찬반 논란이 뜨거웠다. 여고생 치어리더에 대한 일베의 성희롱으로 여고생이 불편한 심기를 드러내면서 불거진 이슈 때문이었다. 그동안 치어리더들은 자신들이 남자 선수들 경기에서 춤을 추며 응원하는 것에 대해 고된 훈련이기도 하고, 자부심을 느낀다고 방송을 통해 이야기해 왔다. 한편 이미 오래 전부터 남자들 중에는 야구장이나 농구장에 치어리더를 보러 간다고 당당하게 말하는 경우가 있었으니, 그녀들에 대한 성희롱이나 성추행의 가능성은 이전부터 있었으며 언젠가는 터질 수밖에 없는 문제였다.

이렇게 치어리더들이 성추행을 당했다고 주장하자, 스포츠경기에

아름다움이 그대를 속일지라도

상관없이 짧은 치마에 가슴을 드러내 보이며, 허리 골반을 다 드러내며 노출이 심한 의상에 성적인 뉘앙스의 춤을 추는 여성의 성상품화인 치어리더를 폐지하자고 주장하는 국민청원들이 다수 등장했다. 최소한 인형탈이라도 쓰고 응원을 하라는 청원도 있다. 물론 몇몇 청원은 폐지 반대를 주장하며, 특히 치어리더 자신이 폐지를 반대하는 경우도 있었다.

청원이 아니라도 SNS에서는 '성희롱이면 노출이 없는 옷을 입어라. 노출이 없는 일을 해라' 라는 입장도 있고, 이에 대해 피해자에게 모든 책임을 안기고 있다면서 어려움을 호소하기도 한다. 또는 치어리더들이 노출을 하고 싶어서 하는 것이 아니라 그냥 춤추고 무대에 서는 것이 좋아서 치어리더라는 '일'을 하는 사람도 많다는 걸 알아달라는 글도 있다. 의상은 치어리더들 자신들이 원하는 것이 아니라, 그녀들을 고용한, 돈을 쥔 기업체 구단이 그녀들에게 노출을 강요한다고 한다. 누군가는 치어리더라는 직업을 폐지하는 것과 치어리더에 대한 성희롱은 별개의 문제라고 주장하기도 한다.

일단 치어리더 제도 폐지를 주장하는 많은 청원자들의 주장을 요약해보면, 남자선수들 경기에 왜 하필이면 여자가 노출 많은 옷을 입고 춤을 추며 응원을 하느냐이다. 여자선수들 경기에 남자들만 앞에 나와 춤추며 응원하는 경우는 없지 않느냐, 경기와 관련 없는 여성 몸을 눈요깃거리로 제공하는 것은 명백한 여성의 성상품화라는 것이다. 이에 대해 누군가는 치어리더는 선진국에도 있다고 주장한다. 그러나 이건 지레짐작일 뿐, 미국 메이저 리그에는 이런 문화가 거의 없다고 봐야 한다. 외국도 치어리더가 있다고 주장하고 싶을지 모르지만, 모두들 추신수 경기 볼 때 추신수만 보지 거기에 치어리더가 노출하고 나와 춤추는 장면은 못 보지 않았는가? 만일 대학 응원단의 경우처럼 어깨에 주렁주렁 달린 복장으로 **잔뜩 껴입고** 응원을 했더라면 어땠을까? 아 저리 가라고, 경기를 제대로 볼 수 없으니 저리 가라고 하지 않았을까? 미국에도 치어리더가 있는 구단이 몇몇 있지만, 야구경기 관람에 방해가 된다고 해서 구석으로 밀려나 있어 그나마도 별반 활동적이 못된다. 플로리다에서나 아주 극소수 치어리더가 활동한다고 하니, 전체적으로 한국과는 전혀 다른 관람문화를 보이고 있다.

아름다움이 그대를 속일지라도

2. 게임 속 여성캐릭터들

청소년 시절부터 남성 게이머들이 즐기는 액션 게임 속 여성캐릭 터들을 보면, 우선 〈리그 오브 레전드〉에서 인기를 끌고 있는 한국

○ 〈리그 오브 레전드〉 아리

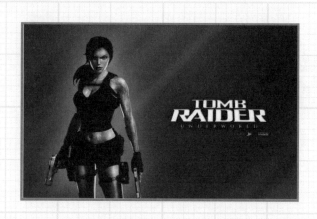

● 게임과 영화 〈툼레이더〉의 라라 크로프트

의 구미호 캐릭터 아리가 있다. 남성 게이머들에게 인기 많은 캐릭터답게 스킨이 정말 핫하게 많다. 불여우 아리, 팝스타 아리, 한복 아리, 아케이드 아리까지.

　남성 게이머들의 취향의 일면을 엿볼 수 있는 것이, 그들은 제 아무리 사랑스러운 여성캐릭터이고, 제 아무리 그녀가 섹시해도 늘상 같은 모습은 싫고 다른 모습으로 변신하는 모습을 원한다는 사실이다. 이것은 곧 남자들이 아리에게 원하는 모습이기도 하고, 현실 속 여성들에게 원하는 바램이기도 하다. 최근 어떤 게임보다 인기 있는 〈오버워치〉에는 송하나를 비롯한 여성 캐릭터들이 좀 더 현대적인 모습을 선보였다.

　여기에 아주 고전적인 여성 게임 캐릭터 지존은 뭐니 뭐니 해도 〈툼레이더〉 시리즈의 여신 라라 크로포트이다. 국내에서 안젤리나

○ 〈파이널 판타지7〉 티파 록하트

졸리가 주연한 영화로도 남성들의 열렬한 환호를 받았다. 그러나 게
이머들은 이 캐릭터가 보여줬던 굉장함에 매료됐음에도 불구하고,
그녀가 매번 같은 모습만 보여줘 조금 식상해 했다고 한다. 물론 그
래서 이후에 나온 툼레이더 언더월드에서는 섹시한 타이즈까지 입었
다. 다음으로 〈파이널 판타지7〉에 등장했던 티파 록하트가 있다. 그
녀는 동양 남성들이 꿈꾸는 전형적인 몸매를 가졌다고 평가받는다.
우선 티파의 긴 생머리와 배꼽티, 그리고 검은색 미니스커트는 오래
도록 많은 남성들의 사랑을 받고 있다. 그 위에 그녀는 안타까운 사

❂ 〈닌자 가이덴 시그마〉 레이첼

랑 이야기의 주인공으로, 순정파를 연기했으므로 더할 나위 없는 남성들의 로망 캐릭터다. 즉 남성들이 원하는 여성캐릭터는 비현실적으로 큰 가슴과 노출이 필수인데, 그녀는 여기에 순정적이기도 하니 말이다. 한 마디로 순결섹시 혹은 청순섹시 캐릭터다. 그것이 동양 남성들이 원하고 꿈꾸는 여성성이자 여성의 아름다움이다. 게임에서 순정도 바란다니 게임이 단지 게임이 아닌 듯하다.

다음으로 〈닌자 가이덴 시그마〉에서 팬들의 열화와 같은 요청에 의해 선택된 레이첼은 금발과 독특한 가죽 타이즈, 그리고 절대 어울리지 않는 거대한 도끼를 무기로 사용하며, 처음 등장한 Xbox 닌자 가이덴에서 거의 벗다시피 한 관능미로 단번에 남성 캐릭터들의 마음을 사로잡았다. 이후 등장한 시그마에서는 선택 가능하게 변경됐

아름다움이 그대를 속일지라도

지만, 기대했던 추가 복장이 없어 여러 남성팬들의 안타까움을 샀다고 한다. 전사인지 스트립걸인지 구분이 가지 않는다.

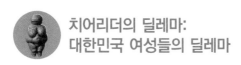

치어리더의 딜레마:
대한민국 여성들의 딜레마

게임 속 여성캐릭터의 특징은 첫째도, 둘째도 '벗고 또 벗어라'인 것 같다. 그리고 관능적인 몸짓을 하라, 자주 섹시한 의상을 갈아입어 눈요깃거리와 남성들의 미적 취향을 충족시켜라. 그러면 열릴 것이다. 남자들이 지갑과 욕망이. 이렇게 게임 속 여성캐릭터는 첫째도 둘째도 섹시해야 하고, 노출이 많아야 하고, 여성의 몸을 있는 그대로가 아닌, 여성의 성적 특성만을 과장되게 부각시킨 성적 대상 그 자체다. 그래야 남자들의 성적 욕망과 시각적 쾌락이 충족되는 것 같다. 이곳에 여성의 욕망 따윈 존재하지 않는다. 무엇보다도 남성 전사 캐릭터들이 아이언맨이나 킹스맨처럼 갑옷이나 최첨단 공격무기와 방탄복을 장착하며 꽉꽉 껴입는 동안 여성전사 캐릭터들은 최대한

아름다움이 그대를 속일지라도

노출을 하며 성적 매력을 과시하고 있다. 이들은 남성들의 성적 판타지를 최대한 충족시켜주되 절대적인 능력에서 남자를 위협할 정도는 아닌 캐릭터들이다.

남성 게이머들과 많은 공감을 하며 쓴 기자의 평가를 보면, 제목부터가 노골적인 여성에 대한 성적 대상화, "게임보다 눈에 띄는 가슴이 예쁜 캐릭터들"이다. 이러한 제목은 남성들이 여성에 대해 생각하는 것을 말해주기도 하고, 또 자라나는 아동과 청소년들의 여성에 대한 사고를 형성하는 데 영향을 주며, 여성의 성적 대상화 자체를 자연스럽게 일상화시키게 된다. 즉 여성의 가슴, 다리, 허리, 엉덩이 노출이 심하고, 아무리 전사라 해도 관능적인 몸짓도 필수고, 노출 심한 복장이라도 새로운 추가 복장으로 남성 게이머들의 성적 환상들을 충족시켜줘야 한다. 이런 것들이 갖추어진다면 여성캐릭터는 까짓 능력이 없어도 액션게임으로서는 최악이어도 된다. 즉 여성의 능력은 이런 성적 대상으로 보이는 것 자체가 능력이다. 그것만이 여성의 능력이다. 그 외에 여성의 능력은 불필요하다.

이렇듯 게임 속 여성캐릭터들을 통해 남자들은 자신들의 성적 판타지와 여성적 아름다움에 대한 로망을 표현하고 개발하고 진화시켜 나간다. 여성의 몸과 화장과 가슴, 다리, 가는 허리 노출은 곧 남성을 위한, 남성에 의한, 남성들의 성적 판타지이자, 남성들이 바라는 여성적 아름다움의 이상이다. 그러나 정작 이러한 아름다움은 현실을 살아가는 여성의 아름다움과 다르다. 그럼에도 여성들은 어린 시절부터 남성중심 사회의 가치기준, 아름다움의 기준에 의한 이러한 모습들을 가장 대중적인 모델의 바비인형과 함께 절대적인 표준처럼 이상적 여성성과 아름다움으로 습득하고 내면화하기 쉽다. 대한민국 가정, 학교, 광고, 영화, 음악, 아이돌가수들, 게임 등등 일상의 모든 곳에서 이러한 기준들을 교육받고 훈련받는다. 그래서 그러한 남성을 위한 아름다움, 성적 판타지 여성성은 최고의 상품으로 각광받으며 여아들, 사춘기 소녀들의 우상이 되고 있다. 인생이나 사회 안에서 자기 스스로의 욕망이나 바램을 생각도 하기 전에, 이러한 남성적 판타지를 자신의 꿈과 이상으로 갖고 성장하는 것이다. 여자는 섹시하지 말라는 것이 아니라, 여성 스스로 있는 그대로의 몸과 몸짓이라기보다는 여성을 오로지 성적인 대상으로만 평가하고 칭찬하고 배제하는 남성들의 성적판타지에 여성의 삶과 일상, 감정과 이성을 올인하게 하는 문화가 여성비하이고 여성혐오라는 것이다.

특히 이런 남성들의 성적 판타지를 여성과 사회가 자연스럽게 받아들일 경우, 여성에 대한 수많은 성희롱과 성폭력과 신체적·물리적 폭력, 나아가 살해라는 위험은 어쩌면 너무도 당연한 수순일 수 있다. 무엇보다도 확실한 것은 이러한 성적 판타지의 진정한 주인공은 게임에서나 현실에서나 그 판타지를 만들고 유포하고 공유하는 남성들이기 때문이다. 게임 속 주인공은 어디까지나 "나야 나" 남성 유저이고, 인기 있는 여주인공 캐릭터는 남성 유저의 판타지 놀이대상으로서 주요 인물일 뿐이다. 한 마디로 남성이 갑이고, 여주, 여캐는 을이다. 갑의 요구에 을이 춤추고 있는 것이다. 그러므로 인기 있는 여성 캐릭터를 주인공으로 착각하면 안 되듯이, 현실 속 아름다운 여성

　　　　　　　아름다움이 그대를 속일지라도

의 주인(공)도 실은 남자다. 여성들이 아름다움을 추구하며 스스로를 갑으로 착각하지만, 리모컨 컨트롤러는 남자 손에 쥐어져 있다.

유감스럽게도 치어리더들의 의상이나 춤은 하필이면 남자들이 자주 접한 여성성의 이미지이자 성적 판타지와 거의 유사하다. 그래서 그러한 남성들의 여성에 대한 성적 판타지 모습과 치어리더들의 관능적인 퍼포먼스에 반응을 보이는 것은 남자들에게 너무나 자연스럽다. 고맙게도 굳이 무대에까지 올라와 늘 보았고 꿈꾸었던 판타지를 보여주므로, 남자들은 자연스럽게 돈 더 주고 응원석에 앉아 게임 속 캐릭터들을 실물로 즐기는 것으로 보인다. 그리고 남성들은 말할 것이다. 대체 뭐가 잘못된 것이냐고 이게! 일상에서 합법적으로 보았던 게임 캐릭터들에 익숙한 남성들에게 경기장 무대 위 치어리더들의 이미지와 춤이 신나고 즐거운 게 무슨 문젯거리라도 되냐고.

여고생 치어리더의 딜레마는 여기에 있다. 그리고 이것은 사실 그녀만이 아닌 오늘날 대한민국을 살아가는 대부분 여성들의 딜레마이기도 하다. 어릴 때부터 치어리더(예쁜 여자)를 꿈꾸었다. 사람들(주로 남자들이지만) 앞에서 예쁜 옷을 입고 춤추고 갈채 받는 것을 꿈꾸어 왔다. 그녀가 자라면서 보아 온 것들 중 선택한 것이므로 이 꿈은 자신만의 개성 있는 꿈이라 생각했다. 다른 한편 그녀는 미투운동 이전이든 이후든, 혹은 스쿨미투의 영향에 의해서든 깨닫고 있다. 자신에 대한 남성들의 성희롱과 성추행이 자신의 인격을 말살하는 폭력임을. 왜냐하면 그것은 너무나 모욕적이어서 나의 인격을 무시하고 무너뜨리기 쉬운 공격이기 때문이다.

그녀는 한편으로는 남녀 차별과 여성의 성적 대상화에 대한 사회적 흐름에 익숙한 채 남성판타지 속 여캐릭터 외모의 꿈을 키우고, 다른 한편 민주화된 사회에서 남성과 평등한 인간으로서, 여성으로서 남녀차별이나 여성에 대한 성희롱으로 인한 모멸감에 대한 인식을 배웠다. 결국 그녀의 꿈은 가부장적 남성중심 시각에서의 노출이미지로서 남성중심문화에 기여하면서(의식하든 않든), 자신의 꿈 속 주인인 남성들의 성희롱과 성추행의 대상이 된다. 칭찬만 받을 때는 의식하지 못했지만, 성희롱이 던져지는 순간 그 섹시한 춤과 율동, 노출의상은 그녀에게 치명적인 독이 된다. 칭찬받기 원하고 실제 칭찬받았던 지점이 정확하게 자신을 말살시키는 모욕과 성폭력의 급소가 된 것이다. 그런데 이러한 딜레마와 혼란이야말로 아마도 대한민국의 젊은 여성이 안고 있는 딜레마, 특히 노출의상이나 외모, 꾸미기 등과 관련된 여성들의 딜레마를 고스란히 보여주는 것 같다. 탈코르셋을 하는 여성들도 겪었던 혼란과 딜레마이기도 하다. 그러니까 이것은 치어리더만의 고민이나 딜레마가 아니다. 치어리더들의 꿈과 현실, 지금 현재 겪는 성희롱과 혼란과 딜레마는 사실상 오늘을 살아가는 대한민국 여성들의 혼란과 딜레마를 집약적으로 보여준다.

치어리더가 아니라 하더라도, 대한민국에서 여성들을 직장이나 공적 공간에서 성적 대상화하는 경우는 너무나 빈번하다. 겉으로는 엄숙하고 가장 성적인 것과 멀 것 같은 법조계에서 미투가 시작된 것을 보았듯, 노출을 하지 않은 옷을 입고도 당하는 것이 성희롱이나 성추행이다. 아직 어린 치어리더로서는 이러한 현실, 이미 사회의 모든

아름다움이 그대를 속일지라도

영역에서 남자들이 세워놓은 기준이 표준이 되고 정상이 되고 현실이 되는 상황을 이해하기 어려울 것이다. 이미 구조적으로 야구의 꽃, 농구의 꽃이라 불리는 그 꽃의 자리가 성적 대상화의 다른 이름이라는 사실, 전략게임에 등장하는 여성 캐릭터들의 노출의상은 남성들의 여성판타지이기에 그들은 그런 게임 캐릭터를 현실에서 보는 것에 열광할 수밖에 없음을 이해하고 인정하기 어려울 수 있다. 사회에 있는 것들은 모두 멋져 보이고 그래서 꿈꾸고 인형처럼 보이고 싶었을 수 있다. 왜 아니겠는가?

당연히 여성이 노출의상을 즐기는 것은 분명 여성 개개인의 자유다. 그런데 남성들을 위한 스포츠문화 속 무대 위로 오르는 순간, 이 사회 구조 안에서 그런 노출에 익숙한 시각문화를 지닌 남성들에게 그녀들과 그녀들의 외모, 행동은 가장 손쉽게 남성들의 먹잇감이 된다. 남성들은 청소년시절 게임에서, 음란물에서 늘 그래왔으니까. 아주아주 어릴 때부터……동심이라고 하는 초등 4학년, 아니 어쩌면 지금은 더 이전에도 친구들과 함께 그 성적 대상을 지배하는 감정을 공유하고 연대감을 느끼며 커왔기에 당당하게 응원석에 앉아 게임 속 실물 캐릭터에 환호한다. 오 땡큐땡큐!

남자들의 어린 시절이나 시각문화가 여성들과 너무나도 다르게 형성되며, 지각이나 감각 자체가 다르게 형성된다는 사실을, 시각이나 감각이라는 것이 성장과정이나 사회화를 통해 다르게 형성되는 것임을 그녀는 이해하기 어려울 것이다. 그래서 그녀는 혼란스러울 것이다. 사회에서 칭찬받는 것인 줄 알고 선택해 꿈꾸어 왔는데, 막상 거기에 가서 꿈을 이루려하는 찰나, 문득 이 모든 성희롱과 성추행이 사실은 거짓말처럼 예정되어 있는 것이다. 나의 꿈과 환상인 줄 알았는데 사실상 남자들의 환상을 마치 나의 것처럼 꿈꾸어 왔다는 사실을 깨닫게 되면 고통스럽고 혼란스러울 것이다.

권력은 여성을 억압하는 동시에 여성의 존재 조건을 제공함으로써 주체를 형성한다. 여성들은 권력에 복종해 권력을 유지시키는 일부로 작용하면서 동시에 자신만의 주체성을 형성한다. 주체가 권력에 복종한다는 것은 권력의 지배를 받는다는 의미이며, 복종의 '반복적인' 수행은 주체를 형성시킨다. 즉 당대 지배권력에 복종하는 주체는 지배문화의 젠더규범을 수용하면서 젠더화된 주체가 되는 것이다. 여성들이 때로 "주체적 섹시"를 주장하는 이유이다. 그러나 남성권력 최고의 비결이자 그것을 떠받치는 큰 기둥은 여성들로 하여금 이렇게 계속 자기기만의 상태에 있게 만드는 것, 즉 여성 스스로 주체적이라 느끼며 지배규범을 따르는 것이다. 그들이 억압될 수밖에 없게끔 공포를 조장하거나 아름다움이라는 허울 좋은 이름으로 포장한다. 그러면 여성들은 그들의 낭만적 아름다움이라는 찬미를 마치 구원인양 신데렐라가 되기 위해 오히려 자신들의 예속을 위해 경쟁하며 치장하게 된다.

그러나 분명한 것은 권력은 오로지 수동적 신체를 통해서만 작동할 수 있다는 사실이다. 권력은 화려하고 달콤한 칭찬과 찬미, 쾌락과 희망, 과시를 제공하는 동시에 절망과 공포를 조장하면서 여성들에게 복종을 이끌어낸다. 권력이 두려워하는 것이 있다면, 그것은 바

아름다움이 그대를 속일지라도

로 자신들의 규범과 언어가 작동할 수 없는 능동적 신체를 지니는 자유인이다. 탈코르셋은 바로 자유인으로서 자기 스스로 능동적 신체를 구성하는 길을 보여주며, 스스로 일어서려는 것이다.

다행히도 혼란스럽다는 것은 사실 새롭게 사고의 구조조정이 이루어지도록 성찰할 필요가 있음을 알려주는 신호이다. 혼란과 방황이 갖는 긍정적 힘이다. 잠시 멈추어 생각해 볼 필요가 있다. 나의 소망은 누구의 것인가, 나는 혹시 특정교육 프로그램의 희생양은 아니었는지, 혹은 계속적인 성희롱과 성폭력에도 불구하고 그러한 일은 할 만한 가치가 있는지, 아니면 계속 해나가되 성희롱에 맞서 싸워나가며 나의 자존감과 존재감을 공격받지 않을 수 있는 전략을 세우려면 어떻게 해야 하는지 등의 모색은 단 하나의 정답만을 가지고 있지는 않을 것이다. 그러나 어쨌든 멈추어 잠시 혹은 한동안 또 혹은 틈틈이 생각해볼 필요가 있다.

치어리더와 게임에서 보듯, 아름다움 혹은 외모의 문제는 역사적으로 늘 남녀의 섹슈얼리티와 권력과 긴밀하게 관계를 맺어 왔다. 그런데 의외로 남자의 아름다움을 찬미하던 시절도 있었다. 성적 대상화가 권력으로 이어지는 이상적인(?) 상황이었다. 단 남자에게만 해당된다는 치명적인 약점을 갖고 있지만.

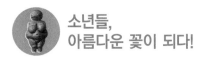

소년들,
아름다운 꽃이 되다!

"그대 앞으로 보내진 아름답고 향기로운 장미가 그대에게

도착했을 때 그토록 빨리 시들어버리는 일이 대체 어떻게 일어났

단 말이오? ……

짐작컨대 그 꽃들은

경쟁을 하는 것이 두려웠을 것이오. 그래서 그 꽃들은

그대의 살결에서 풍겨오는 훨씬 더 매력적인 향취에 닿자마자

스스로 죽어버린 것이라오. 램프의

불빛이 활활 타오르는 화염에 정복당해 어두워지고, 별빛이

태양을 이겨낼 수 없어 스스로 사그라들듯 말이오."

아름다움이 그대를 속일지라도

달달한 꿀이 묻어나는 이 고백은 고대 그리스의 아름다운 사랑의 편지, 러브레터에서 인용한 구절이다. 물론 이 러브레터, 사랑의 편지는 누군가에게 보내어진 사랑의 시구들이다. 그런데 당시 이러한 사랑의 편지를 받을 수 있는 자는 우리가 흔히 아는 '소녀'가 아니라 오직 '소년' 혹은 '청년'만 가능했다. 당시 이러한 사랑을 받은 소년은 시인을 통해 유명해졌으며, 모든 축제에서 그에 관한 노래가 불려 졌고, 그가 죽은 이후에도 결코 쉽게 잊혀지지 않았다. 또 다른 러브레터, 꽃과 같은 사랑의 산문시를 보자.

"그대에게 장미를 보내지 않은 나를 탓해주시오.
건망증이나 애정의 부족함 때문에 그것을 빠뜨린 것이 아니오.
그대는
너무도 해맑고 아름다우며, 그대의 뺨 위에는 그대만의 장미가
피어났으니 그밖에 또 무엇이 필요한가 하고
나 혼자 중얼거리다 보니 장미를 잠시 잊은 것뿐이오.
호머조차도 머릿결이 고운 멜레아케르의 머리에
화관을 씌우려 하지 않았으니 ‥‥‥‥ "

그렇다면 아름다운 장미꽃 같은 소년에게 이러한 사랑과 찬미의 러브레터를 쓴 사람은 누구일까? 고대 그리스라면, 당연히 소녀가 이런 연정을 표현할 리 없고, 그렇다고 나이 든 성인 여성이 그럴 리도 없고⋯⋯ 그렇다면 이런 서정적인 사랑의 문구를 보낼 지위에 있는

사람은 오직 하나, 남성시민뿐이다. 그러니까 이 달콤한 사랑과 열정
이 넘치는 찬미를 입에 침 바르고 구구절절 써내려간 이는 성인 남성
으로, 그의 이름은 필로스트리두스요, 이 구절들은 그의 러브레터들
중에서 소개된 것들이다.

이러한 글을 읽고 있는 우리는 소년의 아름다움에 대해 온통 달달
하고 아름다운 꽃으로 넘치는 찬사가 글쓴이의 낭만적인 기질에 따
른 유별난 표현 사례 아닐까 생각할지도 모른다. 그러나 그렇게 생각
하면 대단한 오산이라는 것이 고대 그리스 문학, 서사시와 서정시들
을 연구한 한스 리히트의 단언이다. 왜냐하면 당시 사랑의 서정시들
뿐 아니라 산문들은 온통 청년들과 소년들의 아름다움에 대한 열렬
한 찬사들로 가득 차 있기 때문이다.[7]

고대 그리스에서는 이처럼 아름다운 장미, 아름다운 꽃으로 비유
되는 대상은 오직 소년과 청년을 의미했다. 소녀나 젊은 여성들은 아
름다운 찬미 대상이 아니었다. 그도 그럴 것이 고대 그리스는 남성
동성애가 지배문화 트랜드였기 때문이다. 그러니까 자연의 꽃처럼,
장미꽃처럼 아름다운 대상은 오직 남성이었던 것이다. 온통 아름다
운 꽃밭으로 물든 다음과 같은 멜레아케르 시도 있다.

---

7   한스 리히트, 『그리스 성풍속사 II Sexual Life in Ancient Greece』, 산수야, 195-197
     쪽.

"사랑은 당신을 위하여 만들어진 것,

키프러스가 소수 소년들과

그들의 마음속에 피어난 모든 꽃을 모아 그것을 만들었도다. 그는

그 안으로 부드러운 백합인 디오드루스와

향기로운 하얀 바이올렛인

아스클레피아데스를 직조해 놓는다. 헤라클레이데스가 장성하자

그는 마치 장미처럼 그를 심었고, 디온이 포동덩굴처럼 활짝 피자

또한 그를 심었다. 그는

테로에게 금실로 땋은 샤프론을 묶어주었고,

울리아테스에게는 백리향 가지를 얹어주었다. 머릿결이 부드러운

미이스쿠스에게 언제나 푸른 올리브를 꽂아주었고, 그를 위해

아레타스의 사랑스런 가지를 빼앗았다.

섬에 사는 모든 사람들이 거룩한 테러를 축복하니

그곳에서는

키프러스가 키운 소년들의 꽃향기가 진동했다."

   키프러스 섬의 흐드러진 꽃향기에 정신을 못 차릴 지경이다. 저자는! 그런데 오늘날 우리에게는 너무나 낯선 풍경이다. 당시 이 향기로운 꽃들처럼 혹은 때로 꽃보다 아름다운 존재는 '소녀'가 아니라 '소년'이었다는 사실은 확실히 낯설고 우리를 어리둥절하게 만든다. 그동안 우리에게 고대 그리스 문학들이 소개되어왔는데, 이런 구절들은 잘 보이지 않았기 때문이다. 우리가 익히 들어 온 소포클레스나

에우리피데스, 호메로스 등의 서사시에는 이런 꽃향기 나는 사랑 이야기는 등장하지 않았기 때문이다. 그러나 일찍이 지혜의 왕, 솔론 역시 단편 시에서 소년의 아름다움을 봄에 피는 꽃에 비유했고, 고대 그리스에서 소년과 청년들은 이처럼 가장 아름다운 꽃들로 칭송되었다.

그리고 그리스 신화의 신과 영웅들도 이들 꽃처럼 아름다운 소년이나 청년들과 성관계를 맺는 일은 지극히 자연스럽고 반가운 일이었다. 왜냐하면 오늘날에도 그렇듯이 당시에도 아름다운 장미꽃은 바로 신과 영웅들의 '성적 대상'으로 칭송된 것이기 때문이다. 아주 아름다운 꽃으로서. 그동안 인간세계에서 가장 아름다운 꽃들은 그런 운명을 부여받기 위해 그렇게 아름다운 입발림과 설레임을 선사받았던 것인지 모른다.

고대 그리스의 서정시나 산문 속 아름다움의 대명사였던 소년들은 『이갈리아의 딸들』에 나오는 무도회를 위해 가슴에 꽃을 달고 수줍게 서있는 소년들, 그 상상 속의 소년들이 아니다! 실제 역사 속에 있었던, 그것도 인류 역사에서 역사의 여명을 밝히며 인류의 문명을 이끌어 왔다고 알려진 고대 그리스 시대 아름다움의 상징으로서 실제 소년들에 관한 이야기이다. 물론 당시 아름다움을 찬미하고 향유하는 자들은 소년들과 성인 남성들의 몫이었으며, 소년들의 피어나는 육체적 아름다움은 한 떨기 아름다운 꽃으로 다발 꽃으로 비유되었다. 우리가 알고 있는 고대 그리스 서사시들은 주로 국가와 전쟁에 관한 것들로 이루어져 있지만, 우리나라에 잘 소개되지 않은 당시의 서정시들은 이렇게 사랑의 시들, 온통 소년과 남성의 아름다움에 관한 절절한 연애의 감정들로 들끓고 있다. 시뿐인가? 고대 그리스에서 아름다움에 적합한 대상은 소년과 남성들뿐이어서 이들에 대한 조각상이나 항아리 그림들이 넘쳐난다.

여성의 아름다움? 고대 그리스에서 시와 예술에서, 철학에서 여성의 아름다움이란 없다. 어디 감히 여자를 아름다움이나 꽃으로 혹은 철학이나 미학적 대상으로 논할 수 있을까? 모든 조각상들, 수많은 그림들, 플라톤의 저작들에서 아름다움은 바로 남성, 젊고 아름다운 육체를 지닌 남성, 운동으로 단련된 복근 가득하고 어깨 넓고 말벅지로 이루어진 남성 육체다. 플라톤은 물론 이 남성 육체의 아름다움을 영혼의 아름다움이나 지적 이데아의 아름다움으로 이상화시키려 애써 노력했다. 바로 그의 유명한 『향연』이란 저서에서. 남성적 육체에 대한 성적 욕망을 이데아와 이성으로 정신화시키려 안간힘을 다했지만, 그 진실은 운동으로 땀에 흠뻑 젖은 10대 소년들의 육체의 아름다움을 가장 이상적인 아름다움으로 미화시킨 것이었다. 당연히 소년들의 육체적 아름다움, 성적 대상으로서 소년들의 육체만을 꽃과 아름다움으로, 이데아의 아름다움에 오를 수 있다고 찬양했기 때문이다.

난데없이 이 소년들, 남성의 아름다움을 이야기한 이유는 지금도 계속되고 있는 아름다움에 대한 고정관념, 즉 여성만을 꽃으로 비유하며 여성의 성적 대상화를 '생물학적으로' 타당한 것으로 여기는 사고에 대해서 제동을 걸기 위해서이다. 특히 심리학이나 과학 혹은 진화론, 철학이 남성을 세상의 중심이나 기준으로 보는 경향을 갖고 있음에도 불구하고, 마치 중립적으로 남녀의 몸과 아름다움에 대해 동등한, 동일한 기준과 사고를 하고 있는 것처럼 해석되어 왔기 때문이다.

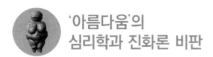

'아름다움'의
심리학과 진화론 비판

아름다움을 진화와 관련해서 논의하며 많은 독자의 눈길을 끈 심리학 책『거울 앞에서 너무 많은 시간을 보냈다』는 제목만으로도 여성들이 아주 공감할만한 이야기를 하고 있는 듯하다. 그러나 사실 그녀의 주장은 아름다움에 관한 심리학과 생물학의 고정관념을 남성 중심주의나 남성 입장에서 대변하고 있어 검토가 필요하다.

이 책의 저자에 따르면, 인간은 아름다움에 민감하도록 진화해왔다. 인간의 진화는 건강한 배우자를 고르기 위해, 즉 성공적 번식으로 이어질 것 같은 배우자를 고르는 과정을 통해 진행되었다. 이때 성공하는 번식으로 이어질 수 있는 여성의 건강과 생식능력을 나타내는 원시적인 지표가 바로 여성의 아름다움이라고 한다.

논의를 명확하게 하기 위해 그녀가 주장하는 논점을 요약하자면, 첫째 번식에서 살아남기 위해 인간은 아름다움에 민감하도록 진화했다. 둘째 수백만 년에 걸친 이러한 번식 중심의 진화 덕에 인간은 아름다운 사람, 특히 아름다운 여성에게 끌리게 된 것이다. 젊음, 균형, 건강하고 깨끗한 피부, 호리병 같은 몸매, 이것이 바로 원시사회 여성의 아름다움 지표들이고, 이것은 또한 오늘날 우리가 아름답다고 느끼는 것과 동일하다. 셋째, 왜냐하면 호리호리한 여성의 아름다움에 반응하는 구석기 시대 남성의 뇌는 현재까지 계속되고 있기 때문이다.

우선 인간의 진화를 번식을 중심으로 보는 첫 번째 견해는 남성중심적인 입장에서의 생물학으로서 긴 논의를 요하지만, 간략하게 이야기해 보자. 저출산이 크게 사회문제로 부각되는 오늘날엔 번식을 위한 섹스와 진화라는 것이 적합하지 않다. 설사 인류가 번식을 통해 진화했다고 하더라도, 번식을 하려면 여성과 남성이 필요하다. 그런데 진화생물학은 왜 하필 여성의 생식능력만을 번식의 기준으로 본 것일까? 이 주장이 지니는 가장 큰 문제는 여성의 번식능력만을 진화에서 논하고, 남성의 번식능력에 대해서는 전혀 언급하고 있지 않다는 점이다. 남성의 번식능력에 관한 언급 자체가 없다. 사실상 암묵적으로 남성은 인간 전체를 대변하고, 그 남성이자 인간은 여성의 아름다움이나 외모를 판단하는 절대적인 기준 제공자로 여기고 있는 것이다. 저자는 자신이 남성만을 '평가하고 선택하는' 주체로 서술하고 있다는 사실조차 전혀 의식하지 못하고 있다.

아름다움이 그대를 속일지라도

그런데 만일 여성이 아닌 남성이 아름다움의 대명사이고 철학적 미학이나 예술이나 문학 등등 사회 전체 엘리트문화에서 아름다움은 오직 남성만의 전유물이었던 시대(고대 그리스)가 있었다면 어떻게 될까? 구석기 시대 인류(남성)의 뇌가 잘록한 허리와 날씬한 여성의 몸에 반응했던 것이 현재까지 지속되었다는 주장은 명백한 거짓일 뿐 아니라, 현재의 남성 입장에서만 서술한 것임이 드러날 것이다. 실제 있었던 고대 그리스 시대 남성을 꽃의 아름다움으로 노래했던 시들을 소개한 이유는 바로 이 때문이다. 그녀는 자신의 고정관념 때문에 남성몸의 성적 아름다움이 찬미되었던 고대 그리스의 역사적 사실에 대한 검토나 조사는 아예 생각도 못해본 것 같다. 그녀는 과학자답지 않게 과학을 주장하고 있는 것이다.

무엇보다 심각한 문제는 여성의 아름다움을 성공적 번식을 위한 수단으로 보는 태도이다. 번식을 위한 성적 본능이 여성을 꾸미고 아름답게 하고, 이러한 여성의 아름다움을 선택하고자 하는 것이 남성의 성적 본능이라는 것이다. 이러한 입장은 남성을 성적 주체, 여성을 성적 대상이라는 남성중심의 입장을 전제하고 있다. 따라서 언제나 번식 주체인 남성의 성적 대상인 여자가 조심하거나 마음에 들거나 해야 한다. 여성이 외모강박증에 걸린 이유? 바로 남성이 여성의 번식능력인 성적 아름다움을 선택하는 주체이기 때문이다. 결과적으로 그녀의 주장은, 사실상 정치적인 남녀의 위계적 권력관계를 생물학적으로 자연스러운 관계로 환원시켜 사회적으로 구성되며 변화해온 남녀의 정치적 지배－피지배 관계를 지워버린다.

앞서 고대 그리스 소년들의 아름다움에 흠뻑 빠진 성인 남성들의 시와 산문, 마음속 사랑의 노래를 들었다. 그들에게 세상에서 가장 아름다운 존재는 소년들, 청년들, 남성들, 아름다운 근육질 육체를 지닌 남성들이다. 장미꽃 향기 진동하는 소년들이다. 소년들과 청년들의 아름다움에 대한 고대 그리스의 찬양은 소위 과학이라 주장하는 진화심리학의 주장과 전제를 다른 면에서 단번에 무너뜨린다. 이들 소년들의 성적 아름다움은 특히 번식능력과 아무런 관계가 없기 때문이다. 즉 아름다움은 성적 선호일 수는 있어도 언제나 여성의 번식능력과 인과관계를 갖는 것은 아니다.

아름다움이 그대를 속일지라도

구석기 시대 남성들의 비너스,
빌렌도르프 조각상

두 번째 주장에 의하면, 성공적 번식을 위해 여성의 건강함과 생식 능력을 나타내는 원시적인 지표가 아름다움의 상징이었고, 이것이 오늘날 우리가 아름답다고 느끼는 것과 일부 일치한다고 한다. 이때 번식을 위한 여성의 아름다움이란 젊음, 균형, 건강하고 깨끗한 피부, 호리병 같은 몸매를 의미한다.

우선 과학자들이나 진화심리학자들은 이렇게 아름다운 여성의 외모가 번식능력이 더 좋다는 것을 대체 어떻게 측정한 것일까? 과연 측정할 수 있었기라도 했다는 것일까? 현재의 여성들에 대해서도 통계를 내기 어려운데 원시시대 젊고 날씬하고 아름다운 여성의 번식능력을 과연 어떻게 측정(조사)한 것일까? 대체 어떤 역사적 사실이나 근거로 이러한 주장을 하는 것일까? 무엇보다 최소한 과학자든 연구자든 과학이라면, 아름다웠는데 번식능력도 좋았던 여성들 집단과 아름답지 못했는데 번식능력도 없거나 적었던 여성들 집단을 추적 관찰조사하거나 통계를 비교해 이러한 주장의 근거를 제시해야 할 것이다. 여성의 아름다움만이 번식능력과 관련된다는 어떠한 통계적인 수치나 생물학적 증거를 제시하지 못한다면, 이러한 주장은 과학도 인문학도 아닌, 신뢰할 수 없는 상상적 가정에 불과하다.

또한 이 주장대로라면 아름다움은 남성의 성욕(번식욕망)을 불러일으키는, 동시에 아이를 낳을 수 있는 젊은 여성의 날씬한 몸이라는 이야기이다. 사실 번식에서 젊고 날씬한 아름다운 여성에 대한 바램 사항은 역사적 사실이기보다는 현대 남성들의 '바램사항'이 아닐까? 왜냐하면 유감스럽게도 구석기 시대 번식을 위해 이렇게 호리호리 젊고 아름다운 여성을 선택한다는 주장 또한 역사적으로, 예술사적으로 아주 명백하게 큰 오류를 범하고 있기 때문이다. 즉 구석기 시대의 남성 뇌가 좋아하고 선호했던 이상적인 여성미를 보여주는 조각상이 있으니, 바로 빌렌도르프의 비너스Venus von Willendorf 조각상이 그것이다. 그런데 예상과 달리 이 구석기 시대 비너스 조각상은 호리병 같은 몸매도 아니고, 건강하고 깨끗한 피부도 도대체 아닌 조각상이다. 호리병이라 함은 자고로 일단 호리호리해야 하는데, 날씬하고 키가 커야 하는데 아무래도 호리호리하고는 완전 멀다. 멀다 뿐인가?

구석기 시대의 뇌로 머문 우리의 뇌가 번식에 근거해 여성의 날씬

아름다움이 그대를 속일지라도

○ 빌렌도르프의 비너스

한 몸매와 깨끗한 피부의 젊은 여성의 아름다움에 대해 민감하게끔
진화해왔다고 주장하는 진화심리학자들이나 과학자들, 그리고 이들
에 근거한다는 엥겔른은 하필이면 2500여 년 전 수백 년 동안이나
이어진 고대 그리스의 아름다운 남자들 이야기도 모르고, 2만 4000
여 년 전 진짜 구석기 시대 빌렌도르프의 비너스 조각상의 존재도
몰랐던 모양이다.

　이 비너스 조각상이 구체적으로 어떻게 만들어졌으며 문화적으로
어떤 의미가 있는지에 대해서 완벽하게 일치하는 것은 아니지만, 비
너스라는 이름을 붙인 것만 보아도 이 조각상이 구석기 시대의 이상
적인 여성상을 표현한 것이라는 생각에는 어느 정도 합의가 이루어

진 것 같다. 고대 그리스에서 올림픽 경기에서 우승자나 소년들의 아름다움을 칭송하고 조각상으로 남겼듯이, 역사적으로 칭송하거나 숭배하는 대상을 조각이나 그림으로 남기는 것으로 볼 때, 이 조각상도 구석기 시대에 칭송받는 아름다움 혹은 이상적 여성미를 대표한다고 할 수 있을 것이다.

그런데 이 비너스 여인상은 보다시피, 커다란 유방을 늘어뜨리고, 허리는 매우 굵었으며, 배는 불룩 나와 있고, 지방이 풍부한 엉덩이는 매우 잘 발달해 있고 성기가 강조되어 있다. 때문에 그녀는 생식과 출산, 다산의 상징으로 주술적 숭배의 대상이 되었던 것으로 평가되고 있다. 작은 팔은 가슴 위에 올려놓고 있다. 얼굴은 보이지 않고, 머리는 땋은 머리, 눈, 또는 모자의 일종이라고 볼 수 있는 것으로 둘러싸여 있다.

이 조각상은 진짜 진화심리학자들이 말하는 대로 번식을 위한, 번식을 잘 해낸 아름다움의 이상형으로서 아주 적합하다. 아이를 많이 낳아 유방도 허리나 배둘레햄도 아주 널찍하고 큼직한 비너스 여인상이다. 당시에는 이러한 다산의 몸이 자랑스럽고 칭송받는 여성의 아름다움이었던 것이다. 번식을 위한 아름다움이란 바로 이런 것이다. 이 정도는 되어야 인간은 번식의 성공을 위해 여성의 아름다움에 대해 민감하게 진화해 왔다고 말할 수 있을 것이다.

아름다움이 그대를 속일지라도

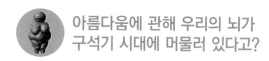

아름다움에 관해 우리의 뇌가 구석기 시대에 머물러 있다고?

마지막으로 아름다움에 관한 과학적 심리학을 통해 아름다움에 대한 여성의 투쟁을 연구했다는 그녀는 우리의 뇌가 구석기 시대에 머물러 여전히 번식을 위한 여성의 아름다움을 추구한다고 주장한다. 과학치고는 너무 엉성한 과학이론이다. 우선 여기에서 '우리는' 남성을 의미한다. 그녀는 기본적으로 남성의 입장을 마치 여성도 포함하는 인류의 보편적인 인간입장인양 둔갑시킨다. 여성들은 여성의 아름다움을 호리병 같은 몸매, 깨끗한 피부 젊음, 균형으로만 보지 않는다. 특히 우리의 뇌가 번식에 성공할 것 같은 여성 몸을 아름답다고 여긴다고 했는데, 앞서 보았듯 구석기 시대 여성의 아름다움은 호리병보다는 항아리병 모양이다. 특히 아름다움의 대상을 여성 몸으로만 특정하는 것은 아름다움의 판단 주체는 당연하게 남성으로, 아름다운 대상은 여성으로 보는 남성중심적 관점에서 한 치도 벗어나 있지 않다, 그것도 아름다움을 꼭 성적인 대상으로서만 특징지으며 성적 주체는 남성, 성적 대상은 여성으로 당연하게 보고 있는 것이다.

과학이란 실험, 즉 경험적 자료를 통해 결론을 내리는 것인데, 과연 그녀의 주장이 수만 년에서 수백만 년 전의 사실들을 고증할 수 있을 것인가 의문이지만, 하여간 그녀는 이러한 석기 시대부터의 진화 근거(거짓추론)에 의해 여성들로 하여금 거울 앞에서 벗어나야 한다고 주장하고 있다. 그녀의 주장대로라면, 그래서 남자들의 뇌가 진화를 하지 못한 채 여전히 석기 시대의 뇌에 머물러 있다면, 그리고 이러한 주장이 타당하다면, 남자들은 뇌에 각인된 번식충동에 의해 젊고, 균형 잡힌 호리병 같은 몸매, 건강하고 깨끗한 피부를 지닌 여성의 성적인 몸매에 반응하게끔 생물학적으로 문화적으로 프로그램화되었으므로 남자가 여성을 오직 성적 대상으로만 보는 것은 정당하게 된다. 그렇다면 전체 주장의 전제가 의심스러워진다.

즉 진화심리학 주장대로라면, 남성들이 여성의 아름다움을 성적 대상으로 보고 흥분하는 것은 번식적인 반응, 구석기 시대부터 뇌에 각인된 자연적으로 타고난 남성의 생물학적 반응이다. 아름다운 여성들에게, 성적으로 남성에게 어필하는 여성에 대해서 뇌의 발동에 의해 성적 행동을 하는 것은 너무나 정당하다. 특히 그러한 뇌의 충동은 폭력을 불러일으킬 수도 있으므로, 여성들이여, 남성의 성적 충

아름다움이 그대를 속일지라도

동, 번식충동을 조심해서 옷가림을 해야 한다! 그녀는 결국 이렇게 주장하는 셈이다. 그러므로 남성의 뇌에 각인된 본성에 의해 남자는 어쩔 수 없으니 여성들이여, 그대들이 알아서 조심해서 성적인 차림을 하지 마라! 그러니까 거울 앞에서 너무 많은 시간을 보내지 마라 이다.

남성 뇌는 생물학적으로 변함없으니 여성이 조심해야 하고, 그래서 거울 앞에서 오래 서있지 말라고 한다면, 우리 사회 여성에 대한 폭력에 대해 "여자들이 행동거지를 조심해야 한다"는 관점과 무엇이 다를까! 남성의 뇌는 여성의 뇌와 마찬가지로 생물학적으로 문화적으로 진화해 왔다. 남성들이 성적 대상화하는 것은 사회문화적으로 어린 시절부터 시각과 욕망을 구성하는 과정을 거치고, 역사적으로나 문화적으로 이전세대부터 내려오는 남성중심적 시각문화와 욕망의 카르텔이 공고하기 때문에 가능한 것이다. 생물학과 이를 바탕으로 하는 심리학은 이렇게 사회문화적, 역사적으로 구성되고 형성되는 욕망과 감각의 문제를 생물학적으로 변화하지 않는 인간(남성) 본성으로 바꾸어 현상을 정당화하는 치명적인 난점을 가지고 있다. 남성들은 분명 역사가 진행되면서 진화해왔는데, 첨단과학과 기술에서 그 혁혁한 진화의 흔적을 보여주고 있는데, 하필이면 여성에 대한 성적 취향을 담당하는 남성 뇌는 진화하지 않고 불변한다는 주장은 아무래도 현실성도 없고 비겁하기까지 하다. 논거가 불합리하다.

그러나 남성의 뇌는 변화해왔다. 구석기 시대 이후 대뇌피질이 발달하면서 인간의 충동과 행동을 통제하는 방향으로 진화되어 온 것이다. 다음은 그 이야기이다.

아름다움이 그대를 속일지라도

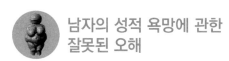

남자의 성적 욕망에 관한 잘못된 오해

우리 사회 안에는 익숙하지만, 여성에게는 낯선 이론이 법칙처럼 유포되어 있다. 사실상 진화심리학에서 전제하는 사고와 동일한 맥락에서 계속되고 있는 생물학적 고정관념이다. 즉 남자의 성적 욕구는 반드시 풀어야 한다, 반드시 해소해야 한다는 강박적 사고가 남성의 생물학적 본능인 것처럼 통용되고 있다. 과연 그럴까?

사실 이 사고가 변하지 않는 한, 남성들의 성적 음란물이나 불법촬영 제작 유포 행위를 남성성의 통과의례라도 되는 양, 남자라면 당연하고 자연스러운 본능처럼 정당화하기 쉽다. 그리하여 이를 옹호하기라도 하듯, 까짓 법적 제재야 빠져나갈 법망이 여기저기 광속으로 뚫려있고, 변호사들은 무죄 입증 혹은 감형을 위해 주요 증거를 놓치지 않는 방법을 체계적이고 전문적으로 제공해주며 도움을 주겠다고 광고하고 있다. 여중, 여고에서 스쿨미투가 계속 일어나는 것을 보면, 남교사들은 지금도 수업시간에 여성을 성적 대상화하는 발언들을 아무렇지 않게 하고 있는 것 같다. 생각해보면 모든 여자들은 중고교시절 그런 교사들을 보았을 것이다. "여자는 뭐니 뭐니 해도 예뻐야 해." 이런 말을 아무렇지 않게 하는 교사들, 하필이면 꼭 엉덩이를 자로 때린다던가 브래지어 줄을 당긴다던가 하는 교사들 말이다. 그러던 것이 요즘엔 좀 더 세련되어졌다는 것이 "헤라 말고 아프로디테처럼 예뻐야 한다." 고대 그리스 신화를 빗대 자신들의 불법적인 욕망을 아무런 거리낌 없이 자연의 이치인양 이야기한다. 이전에도 남성들의 성적 욕구와 관련된 성희롱, 성추행이 여학교에서 비일비재했다. 그런데 여학생들의 성인지 감수성이 높아진 지금도 교사들은 남성의 성적 욕망은 반드시 풀어야할, 자연의 법칙으로 여기며 자신들이 가르치는 여학생들을 대상으로 성희롱을 일삼고 있는 것이다. 이러한 욕망과 성희롱, 성추행, 성폭력들이 여성비하와 여성에 대한 폭력이라고 여성들이 계속적인 미투를 벌이지 않는 한, 남성들 스스로 자진해서 성적 지배의 환상과 시스템을 벗어날 가능성은 없어 보인다.

다음은 25세 남성의 현실적 고민상담 내용이다.

"야동을 본지 어언 10년이 되어 가는데 …… 옛날에는 촉수물, 몰카 이런 거 보는 애들 변태 같고 이상하다고 생각했습니다. 저는 오로지 성관계만을 하는 동영상만 보면서 순수한 동물적 본능만

을 추구했었는데요 …… 이제 야동을 너무 많이 봐서 그런지 무덤
덤하며 재미도 없습니다. 그런데 이상하게 몰카를 보면서 제 자신
이 이상해지는 것 같은 기분을 느꼈습니다. 이런 증상은 변태가
되어가는 건가요? …… 이러다 촉수물도 좋아하게 될까요?? 흑
흑 …… 변태가 되고 싶지 않아요 …… 구해주세요~~"

고민남은 자신의 지각방식이 변모하고 있음을 자각하고 있다. 순
수한 동물적 본능 감각에서 몰카를 통해 또 다른 지각방식을 습득
하고, 이후 촉수물에 대한 감각도 자연스럽게 습득할까 걱정하고 있
다. 그런데 그는 자신이 순수한 동물적 본능만을 추구했다고 고백하
고 있지만, 그가 '순수한' 동물적 본능만을 추구했다는 그 음란물도
사춘기 처음 그것을 접했을 때는 그것을 모르던 이전의 자신과는 다
른 놀라운 감각과 지각방식을 제공했을 것이다. 남아들도 처음 야동
을 보면 충격과 놀라움을 겪기 때문이다.
　어떤 지각이나 시각이 그것을 접하기 '이전의' 지각이나 시각과 다
르다는 것은 곧 그러한 지각과 시각이 자연스러운 것이 아님을 의미
한다. 그것은 새롭게 습득된 감각이자 시각이다. 처음 야동을 볼 때
놀라웠던 감각과 쾌감을 반복해서 본 결과 습득되어 익숙해진 감각
이지 남자라서 저절로 날 때부터 타고난 감각이 아니다. 스스로는
'순수한' '동물적' 지각처럼 생각하지만 그것 역시 하나의 학습된 지
각이라는 점에서 순수한 감각은 아닌 것이다.
　이처럼 남자들의 성적 욕망과 그 배출 방식은 그들이 무엇을 보느

냐에 따라 학습되며 변화한 것이다. 특히 음란포르노물들은 여성 몸을 남성적 시각에서, 남성이 지배하는 관점에서 원하는 대로 조립한다. 그래서 남성의 여성 몸에 대한 지배와 통제로 이루어진 음란물을 통해서 왜곡된 남성성을 습득하고 공유한다. 여성 입장에서 볼 때는 불편하고 폭력적이며, 지배/피지배를 포함하는데, 남성들은 어린 시절부터 워낙 오래도록 보고 공유하다보니 이 포르노적 남성성을 왜곡된 남성성이라고 보기보다는 묵인하고 수용하면서 정상적 남성성처럼 여기는 것이다. 그리하여 음란물에서와 같은 여성 몸에 대한 지배 방식이 마치 여성들도 당연히 원하는 방식처럼 혹은 자연의 법칙인 것처럼 여기면서, 남자는 야동을 보고서라도 꼭 성욕을 해결해야 한다는 사고를 야동이나 불법촬영물들을 통해 확인하는 것이다. 음란물을 본다고 자동적으로 성범죄율이 높아지는 것은 아니지만, 남성의 성적 욕망을 타고난 권리처럼 이야기하며 남성들이 자신의 성적 욕망을 반드시 배출해야 하는 진실처럼 여기게 한다는 점에서 그것은 확실히 폭력과 성범죄 가능성을 안고 있다. 그리고 고민남의 고백처럼, 이런 것도 식상해지니 몰카가 짜잔 하고 나타나고, 그 다음엔 하드코어 촉수물……이런 세계로 점점 더 지각의 경험을 확대하며 더욱 더 연구하는 자세로, 쾌락과 폭력을 탐구하는 자세로 영역을 개척하게 되는 것이다.

그런데 과학을 매우 좋아하는 남자들이 의도적인지 아닌지 모르지만, 모르는 척 빠뜨린 진실이 있다. 생태학자, 성과학자, 심리학자들은 의하면 본능이란 신경조직의 추진력과 호르몬 작용에 의해 인도

아름다움이 그대를 속일지라도

되며, 삶에서 중요하며 삶을 즐거워하는 행동을 유발하는 생득적, 유전적인 원동력이다. 그런데 인간은 직립보행으로 인해 성기의 위치가 달라짐에 따라 정액의 구성과 난자의 성질이 변화하면서 발전단계에서 인간과 가까운 포유동물과 비교할 때 성호르몬에 덜 좌우되게 되었다. 즉 인간은 다른 동물들과 비교할 때 성본능에 전적으로 좌우되는 존재가 아니다. 특히 뇌가 발달하면서 인간의 대뇌피질이 인간의 모든 행동을 통제하며 인간의 성행위도 통제하게 되었기 때문이다. 이게 이미 구석기 시대 이루어진, 유인원에서 인간으로의 변화다. 물론 본능적인 모든 것을 제어하거나 지배하는 것은 아니지만, 대뇌가 미치는 제어의 영향력이 점점 더 중요해짐에 따라 신경계의 호르몬이 인간의 성적 본능의 반응을 지배하는 힘은 느슨해지게 되었다는 것이다. 인간이 충동을 지배하게 된 것이다. 이런 이유로 인간은 다른 동물과 다른 역사를 쓰며 진화해 왔다. 그런데 갑자기 남성의 성적 욕망에 의한 성적 대상으로서 여성 몸매에 대한 취향은 변하지 않았다고, 구석기 뇌가 지금도 그대로라고 억지를 피울 것인가? 필요할 때면 구석기 뇌 운운하며 진화심리학을 들이댄다면, 진화심리학은 일관성 없는 남성 대변 논리로 신뢰를 잃을 것이다. 이런 논리의 부당함에 쐐기를 박으며, 에리히 프롬은 심지어 성행위 혹은 성충동이 몸이 아니라 정신의 지배를 받는 것이라고 지적한다.

"강도 높은 성적 욕망은 생리적인 현상이 아니라 정신적인 것에서 기인한다."

그러므로 남자는 무슨 일이 있어도 성적 욕망을 풀지 않으면 안 되는 것이 아니라 단지 그렇게 믿고 그렇게 행동함으로써 그것을 사실처럼 느끼고 진실이라고 믿고 싶어 하며 자기정당화하는 것이다.

이를 증명이라도 하듯 이와 관련된 대한민국 성폭력 안전체감도 조사가 있다. 조사 결과, 성인, 중고생의 절반 이상이 성폭력으로부터 안전하지 않다고 답했다. 여성들의 사회활동이나 인권, 불평등지수 등이 개선되었다고 하나 TV에서는 날이면 날마다 성희롱, 성추행, 성폭행, 몰카, 살해 뉴스가 끊이지 않고 나오는데, 정치인, 법조인, 금융인, 연예인, 예술인, 운동선수 등의 유명인사들부터 경찰, 검찰, 판사, 노인, 학생, 교사, 교수, 외국인까지 참으로 다채로운 인물들이 성폭력 범인으로 등장한다. 모든 남성들이 다 그런 것은 아니겠지만, 남자는 성충동을 참을 수 없다고 굳게 믿는 남자라면, 누구든 성폭력, 성희롱, 성추행, 폭행, 몰카, 신상유포 등에 연루될 가능성을 지닌다고 말할 수 있을 것이다. 잠재적 범죄자 말이다. 모든 남자를 범죄인 취급한다고? 그러나 아무도 모든 남자가 범죄자라고는 말하지 않는다. 다만 지금도 술 취한 여성을 보면 어떻게 해 보려고 하는가, 마음으로라도 어떻게 해보고 싶은 생각이 드는가? 혹시나 지하철 붐비는 틈을 타 만지거나 부비거나 찍으려고 하는가? 남자라서? 여자를 보면 성적 욕망을 풀어야 하는 남자라서? 그렇다면 빙고! 당신은 틀림없는 바로 그 잠재적 범죄자 가능성이 있다. 사실 행정안전부 조사에 의하면, 2013년을 기준으로 학교폭력(26,6%)이나 가정폭력(8.7%)보다 훨씬 더 높은 사회불안 요소가 바로 49.3%를 차지하는 성폭력이다.

아름다움이 그대를 속일지라도

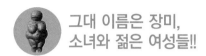

그대 이름은 장미,
소녀와 젊은 여성들!!

고대 그리스와 달리 언제부터인가 사랑의 시, 아름다운 장미꽃으로 비유되는 대상이 변했다. 이제 소년들의 아름다움이 아니라 소녀와 젊은 여성들의 아름다움을 노래한다. 게다가 이 여성의 아름다움은 구석기 시대의 아름다움과는 차이가 있다. 글쎄 고대 그리스에서도 소년들의 아름다움이 성적인 아름다움이었고 성적 대상화였듯이 소녀와 여성의 아름다움도 성적인 아름다움, 성적 대상화이다. 그리고 이것들은 오늘날 우리에게 너무나 익숙한 낭만적인 시구들이 되었다.

   ～ 내 사랑은 빨간 장미꽃 ～

내 사랑은 6월에 갓 피어난
빨간 한 송이 장미,
오 내 사랑은 부드러운 선율
박자 맞춰 감미롭게 흐르는 가락.

그대 정녕 아름다운 연인이여
내 사랑 이렇듯 간절하오.
온 바닷물이 다 마를지라도
내 사랑은 변하지 않으리.

온 바닷물이 다 마를지라도
모든 바위가 태양에 녹아 없어진다 해도
모래알 같은 덧없는 인생이 다하더라도
내 사랑은 변하지 않으리.

잘 있거라, 내 사랑하는 사람아!
잠시 동안 우리 헤어져 있을지라도
천리만리 떨어져 있다 해도
그리운 님아, 나는 다시 돌아오리다.

- R. 버언즈

아름다움이 그대를 속일지라도

앞서 소년의 아름다움을 노래했던 산문과 아주 유사한 시도 있다.

장미보다 아름다운 그녀

이 세상에서 가장 아름다운 꽃이
사람들은 유월의 장미라고 하지만
난 오늘 아침
장미보다 아름다운 여인을 보았다

호수공원의 나무그늘 밑
벤치에 다소곳이 앉아
그림을 그리고 있는 여인 …… (중략)

그 여인의 그런 자태에
그만 넋을 잃어
들고 있던 장미꽃을 떨어뜨리고
집에 돌아오고 말았어 …… (중략)

아
다시 한 번만이라도
장미보다 아름다운 그녀를 볼 수 없을까

– 흑마 이선태

물론 아름다운 그녀들을 찬미하는 미디어들은 난리가 아니다. 장미꽃보다 아름다운 그녀! 라며 포토와 함께 완전히 여신을 찬양하듯 끊임없이 내놓는다. 그래서 아예 자연의 꽃과 소녀 혹은 젊은 여성은 그 본성상 동일한 것처럼 여겨지기도 한다. 낭만적인 사랑을 꿈꿀 때 전형이 바로 이러한 시와 여성상이다. 그리고 여성의 아름다운 모습은 변화했지만, 언제나 아름다움을 노래하거나 비너스조각상을 만든 사람은 언제나 남성이다. 여성이 노래하는 여성의 아름다움이 아니라.

아름다움이 그대를 속일지라도

꽃다운 아름다움, 고대 그리스 소년들, 왕좌의 길을 따라가다

오래도록 남자들의 이러한 낭만적인 시구절과 노래에 여성들은 기꺼이 응답하며 그 시와 노래에 맞추어 시와 노래 속의 여성처럼 꽃이 되려 했고 수줍어하며 부끄러워하며 꽃이 되어왔다. 그러다 문득 지금 멈추어 그 꽃을 꺾고 있다. 그러니까 자신들이 세상의 아름다운 꽃이라는 이름을 거부하고 있다. 아니 정확히 말하자면 수백여 년간 아니면 2천여 년 이어져 온 아름다운 꽃으로서의 존재라는 시인들의 찬사와 세간의 품평과 규정과 정의를 거부하고 있다.

그렇다면 옛날 옛적 아름다움의 원형이나 다름없던 고대 그리스 아름다운 소년들은 자신들을 아름다움으로 칭송하고, 장미꽃과 키프러스 섬의 꽃들로 찬양하는 것에 대해 어떻게 느꼈을까? 자신들의 육체적 아름다움이 꽃처럼 반짝인다는 편지들에 대해 어떤 마음이었을까? 그리고 그들에 대한 사회적 시선, 아름다운 꽃으로서의 소년에 대한 사회적 평판은 어떠했을까? 우선 소년들과 청년들은 그 사실을 알았을까? 자신들이 찬사에서 보여주듯 꽃처럼 혹은 꽃보다 아름답다는 사실을 알고 있었을까?…… 물론 남자들의 대답은 언제나 그렇듯이, 너무나 잘 알고 예상할 수 있듯이 예스다! 소년들은 잘 알고 있었다. 자신들이 아름답다는 사실, 그래서 자신들의 아름다움에 대해 노래하는 것에 대해 잘 알고 있었다. 알고 있었다 뿐인가 그것은 아주 자랑스러운 일이었다. 당시에는 모든 소년들이 자신의 아름다움에 대해 긍지를 느끼고 있었으며, 그의 정신과 육체의 우수성을 칭찬해주는 것을 불명예가 아닌 대단한 명예로 생각했다. 그러나 무엇보다도 소년과 청년들의 아름다움은 이로 인해 오늘날 여성들의 아름다움을 찬미하면서 뒤따라오는 성희롱이나 성추행과 같은 성폭력에 시달리는 일이라곤 눈을 씻고 찾아봐도 없었다. 소년과 청년들의 아름다움은 그런 성추행의 영역이 아니기 때문이다.

고대 그리스 소년들은 성인 남성시민들이 넋을 잃고 찬양하며 새겨놓는 자신들의 육체적 아름다움과 성적인 성숙함을 충분히 흡족하도록 누렸다. 단 거기에도 가만 보아하니 골라먹는 재미가 있었다. 즉 자신의 아름다움에 달려드는 성인 남성들의 값비싼 선물이 기다리고 있었고, 그들 중에는 특별히 신분이나 지위가 더 높은 위치에 있었고 풍부한 재산을 보유하고 있는 귀족적 시민이 있기 마련이다. 그러므로 줄만 잘 서면, 이러한 선택지 중에서 값나가는 물질적 선물

아름다움이 그대를 속일지라도

들을 선택할 수 있었다. 물론 이렇게 계산적이고 이기적인 소년들의 선택에 대해 그 당시에도 누군가는 비난을 했다. 오늘날과 다를 바가 없다.

사실 이러한 소년과 성인 남성들 간의 관계가 형성되는 것은 남성 동성애가 추앙받고 있던 트렌드와 상황 덕분이다. 소년과 청년들은 성인 남성들의 성적 아름다움의 대상이 되고, 성인 남성들로부터 신체훈련과 정치훈련을 거치면서 국가정치와 전투에 관한 지식들을 배운다. 덕분에 소년들도 이후 성인이 되면 시민남성들을 뒤따라 국가의 주요 정치적 권력과 지배적 위치, 왕좌를 이어받아 꽃길을 간다. 소년들의 꽃 같은 아름다움은 이러한 신체적, 성적, 정치적 능력을 습득해 장차 성인의 남성성을 형성하며 정치적 역할과 권력을 이어받는 것이다. 그러니까 소년과 청년들의 아름다움은 언젠가 왕좌의 자리를 이어받으며, 다시 그들이 받았던 교육들을 어린 소년과 청년들에게 전수하며 소년들과 청년들의 아름다움을 찬미하는 것이다. 장미꽃보다 아름다워 장미꽃 선물을 잊었노라고……

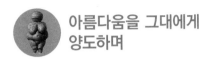

아름다움을 그대에게 양도하며

소년의 아름다움과 여성의 아름다움 사이에는 성적 대상이라는 공통점이 있다. 그러나 방금 보았듯이, 둘 사이에는 비교하기 어려운, 너무나 큰 차이가 존재한다. 아름다운 몸으로, 멘토인 성인 남성으로부터 정치훈련을 받음으로써 비록 한때는 성적 대상으로서 아름다움의 소년들이었지만, 이내 성인이 되면 권력을 승계한다. 소년들은 당당하게 권력 안으로 진입하는 것이다. 그러므로 그러한 꽃이라면, 누구라도 개선문 들어서듯 당당할 것이다.

물론 여성의 아름다움도 간혹 왕좌의 길, 아니 왕비의 길이 예정되기도 했다. 〈신데렐라〉처럼 아름답다고 발탁되거나 〈잠자는 숲속의 공주〉처럼. 그런데 지금 대한민국의 젊은 여성들은 왜 꽃을 거부하

아름다움이 그대를 속일지라도

는 것일까? 자신들의 아름다움을 찬미하고 찬양하는 것을 왜 굳이 밀어내고 거부하는 것일까? 아름다운 꽃이란 꿀단지를 왜 굳이 깨뜨리려는 것일까? 왜냐하면 공주설화나 왕비설화는 동화일 뿐 아니라 어디까지나 극소수의 미녀들에게만 배타적으로 주어지는 특례입학일뿐이고, 굳이 말하자면 그것 역시 왕좌의 길은 아니다. 조선시대 왕비들조차, 열전을 읽어보면 제 뜻대로, 제명에 살았던 왕비가 거의 없다. 조선시대 왕비들은 국가의 주인이자 주체로서 시민이 되는 것도 아니었고, 고대 그리스 경우처럼 성인이 되어 어린 소년들을 성적 대상의 아름다움으로 찬양하는 성적 주체가 되는 것도 아니다. 그럼에도 많은 공주 신화들은 어린 여아들의 혼을 빼놓을 만큼 강력하게 작용하며 수동적인 여성성이라는 느낌과 감수성을 세포 속에 심어 넣는다. 특별히 대한민국에는 아이돌 그룹 이미지가 자본주의와 가부장제의 특허 아래 성적 대상화의 꽃밭으로 여성성을 조립하고 있다. 그런데 그 아이돌과 아이돌을 모델로 성장한 여성들에게 정치적 프로그램이나 왕좌의 길은 없다. 여성 몸은 여성 자신이 원하는 몸이 아니라, 남성이 원하는 대로 주조하는 대상으로 만들어지는 것뿐이기 때문이다.[8] 지배자로서 권력의 몸짓언어와 행동, 정치교육을 받는 것이 아니라 청순하고 유순하며 고분고분한 종속의 몸짓기호와

---

8   Nickie Roberts, "Sex, Class, and Morality" in Ethics: A Feminist Reader, ed. by E. Frazer, J. Hornsby, S. Lovibond, Blackwell, 1992, 140쪽.

언어들만 허용되며, 그것을 자신의 본성인양 내면화시키도록 사회화되기 때문이다. 즉 여성은 다른 사람, 남성을 행복하게 만드는 것에 봉사하는 아름다움만을, 껍데기만 물려받은 것이다.[9] 따라서 그 을의 위치는 필연적으로 성희롱과 성추행의 현실을 첨부한다.

비록 고대 그리스 소년과 청년들에게는 성추행이 없었지만, 분명한 것은 아름다운 장미꽃의 원조는 남성이기도 했다는 사실이다. 고로 꽃의 아름다움은 결코 여성의 생물학적 본성이 아니다. 만일 무덤 속 고대 그리스 소년과 청년들이 아름다움을 추구하는 것이 여성의 본성이라는 말을 들었다면, 그동안 조용히 누워 잠자던 그들은 '깜 ~~짝' 놀라며 벌떡 일어나, 무덤을 뚫고 달려올 것이다.

고대 그리스에서 소년과 청년들에게 퍼부었던 사랑의 감정들을 가부장 문화는 아름다움이라는 낭만적 이름으로 여성들에게 고스란히 쏟아 부었다. 그런데 아무래도 주소가 잘못되었거나 수취인불명이었거나, 아니 물품에서 중요한 것을 빼먹었다. 권력과 권리는 빼고 전달했으니 배달물 불량이다. 오늘날 여성들은 외모의 아름다움보다는 평등한 권리와 권력을 필요로 하기 때문이다. 그들은 아름다움이 갖는 매력을 모르는 것이 아니라, 아름다움이 내놓는, 아름다움으로 인해 잃는 무수한 권리와 권력에 더 의미와 가치를 부여하기 때문이

---

9 Cicely Hamilton, "Marriage as a Trade", in Ethics: A Feminist Reader, ed. by E. Frazer, J. Hornsby, S. Lovibond, Blackwell, 1992.

다. 그러므로 소년과 청년들이여, 듣고 계시다면 아름다움 따위는 너 님들이 다시금 고이 장착하도록 하십시요. 그대에게 아름다움을 양 도하노니……

3

꽃처럼 아름다운 여성/
못생긴 꼴페미의 외모정치학

"여성의 아름다움을 찬미하는 낭만적 사랑
은 …… 남성이 여성을 자유롭게 활용하기 위한 정
서적 조작 수단이다 …… 기사도 매너는 가부장제
성격을 모호하게 하는 효과만 가져왔으며, 여성을
아주 협소하고 제한적인 행동영역에 가두었다."
— 케이트 밀레트 『성의 정치학』

1. 남자, 미남대회에 참가하다

2006년부터 대한민국에도 미남대회가 열리기 시작했다. 미스터 인터내셔널 코리아다. 이승환은 2017년 미스터 인터내셔널 한국대표로 선발되어, 2018년 미스터 인터내셔널 미남 선발대회에서 1위를 차지했다. 그의 말을 들어보자.

"생전 처음 해보는 거라 맞게 하는지도 몰랐죠. 면접 당일 워킹도 하고 언더웨어 심사도 봤는데 창피해서 숨고 싶었습니다……국제대회에서는 워킹 연습도 늘리고 의상에 맞춰 연출을 달리했습니다. 예를 들어 한복을 입으면 인자한 미소를 짓는 것을 연습했고 수영복을 입고는 스포티하고 당당하게 보이는 제스처와 표정

아름다움이 그대를 속일지라도

을 연습했습니다."

그는 언더웨어 심사가 창피해 숨고 싶었다고 한다. 그러나 언더웨어 심사라는 것이 속옷 팬츠 차림이라서 남자 피트니스 대회나 보디빌딩 대회 팬츠와 크게 다를 바가 없어 보인다. 그런데 대체 그는 왜 그렇게 느낀 것일까?

© 이승환

사례

2. 여자, 미남대회 심사위원이 되다

한 여학생이 학술 컨퍼런스에서 문화이벤트 하나로 성별을 바꾼 미인대회, 아니 미남대회에 참가했던 경험을 이야기 한 적이 있다. 물론 여학생이니까 미남대회 참가자가 아니라 심사위원으로 참가한 것이다. 심사위원으로서 자리에 앉아 있으려니, 한껏 꾸민 미남대회 참가자들이 심사위원들 앞을 지나가며 각종 매력을 자랑하는 모습을 보게 되었다. 미남 참가자들은 심사위원들 앞에서 각자 성적 매력을 어필하기도 하고, 노래와 춤 등으로 애교를 부리며 자신만의 장점을 어필하게 된다. 그러다보니 심사위원으로서 그 여학생은 처음으로 남자들을(미남들을) 뚫어져라, 자세히, 노골적으로 응시해 보았다. 그런데 그 경험은 참 독특한 경험이었다. 왜냐하면 여자의 경우 대놓고 노골적으로 남자 몸을 응시할 수 있는 기회가 잘 없으니 그런 경험 자체도 놀라웠지만, 여성이 그렇게 노골적으로 남성 몸을 바라보는 그 행위 자체가 묘한 우월감을 주었기 때문이다.

눈앞에 지나가는 남성들이 심사위원이자 여성인 자신에게 잘 보이기 위해 멋지게 차려입고 특정한 행위를 취하고 있다는 생각을 하니, 그 사실 자체만으로도 아주 강렬한 우월감과 우쭐함을 주었던 것이다. 덕분에 그 미남대회 참가자가 슈트를 입든 티셔츠를 입든, 혹은 자신에게 윙크를 하든 말든, 여성인 자신의 취향에 따라 그의 모든 외모와 행동에 관한 주관적 해석이나 판단을 할 수 있는 '권한'을 가지고 있다는 사실을 느낄 수 있었다. 미남 참가자가 설사 아예 자신을 쳐다보지 않고 지나친다 해도, 그녀가 그를 판단하는 위치라는 우월감과 주관적인 판단의 권한은 사라지는 것이 아니라 그대로였다. 그러니까 대회 참가자인 남성이 잘 생겼나 못생겼나 등에 관해 해석하고 판단할 수 있는 권한을 자신이 갖고 있다는 사실은 그 남성들을 일방적으로 빤히 노골적으로 바라보는 행위 자체에서 오는 묘한 우월감과 그에 기반한 권력을 느끼게 해주었던 것이다.

더욱 더 놀라운 일은 참가자가 미남인지 아닌지 여부를 판단할 수 있는 권한이 무대 위에서 보여지는 대상으로 서 있는 남성에겐 주어지지 않고, 그 남성들을 빤히 바라보는 주체로서 자신과 다른 여성들에게만 있다는 사실을 깨달은 순간, 여성들 사이에는 아주 강한 유대감 혹은 연대감 같은 것이 생겼다고 한다. 이러한 경험과 우월감을 여자들끼리만 공유함으로써 여성들 사이에 모종의 유대감이 생긴 것이다.

덕분에 응시하는 자로서 갖게 된 우월감과 유대감은 다음과 같은 사실 따위는 까마득히 잊게 되었다. 자신도 그 참가자 남성들처럼 일상에서 줄곧 '보여지는(대상)' 존재였다는 사실을 그 순간에는 까맣게 망각하게 되었던 것이다. 바라보는 위치에서의 우월감과 연대감이 그런 당연한 사실 따위를 까마득히 잊게 했던 것이다. 그녀는 살아오면서 보여지는 여성이라는 위치가 그렇게 싫고 불편했는데, 그것을 알고 있던 자신조차 그런 사실이 잊혀질 수 있었다는 사실이 놀라웠다고 한다.

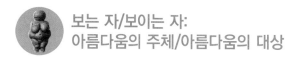

보는 자/보이는 자:
아름다움의 주체/아름다움의 대상

음란물이나 불법촬영 몰카를 통해 남성이 여성의 몸을 보는 행위를 자연스러운 생물학적 반응으로 이야기하는 경우가 많다. 과연 그럴까? 일상에서건 학문에서건 우리가 많이 듣는 이야기가 남자는 보는 자, 여자는 보여지는 자이다. 남자는 여자를 바라보는 것이 본능이고 여자는 그런 남자에게 보여지는 것에서 만족과 쾌락을 느낀다는 것이다. 프로이트도 그랬고, 칸트와 키에르케고어도 멋진 철학으로 그런 생각을 펼쳤다. '보이는 자'와 '보는 자'의 이분법은 정말 여성과 남성의 생물학적 본성처럼 여겨지기도 한다. 물론 보는 자는 분명하게 상황의 주체이자 주인공이다. 따라서 보이는 자는 그 주체 혹은 주인공의 눈요기 대상이므로 주인인 보는 자의 취향이나 요구에 자신의 취향을 맞추어야 한다.

유감스럽지만 전통적으로 아름다움이라는 것, 아름다움의 역사, 미학사가 바로 이러한 사유를 바탕으로 이루어져 왔다. 이들은 아름다움을 찬미하며 여성의 본능이라고 추켜세운다. 그럼 그 아름다움은 누구를 위한 것인가? 그 아름다움을 보고 판단하는 주체는 누구인가? 인간, 남자이다.

앞서 미스터 인터내셔널 1위를 차지한 이승환은 언더웨어 심사 때 숨고 싶을 만큼 창피했다고 고백한다. 미스유니버스나 미스코리아 대회 수영복 심사에서는 이런 말을 하는 경우도 거의 없고, 또 동일하게 팬츠 조각 하나 달랑 입는 미스터코리아 대회 혹은 남자 피트니스 대회 참가자들이 이런 말을 하는 경우도 없다. 그렇다면 차이가 과연 무엇일까? 우선 미스터코리아가 근육을 심사하는 것과 달리 미스터 인터내셔널 코리아는 미스코리아나 미스유니버스처럼 전적으로 관람자가 보는 시각적 아름다움의 관점에서만 평가하기 때문일 것이다. 그렇다면 아름다움이란 성적인 외모에 대한 평가를 의미하는 것처럼 코드화되어 있는 것 아닐까? 소위 미인대회, 미남대회는 '보여지는' 성적 대상으로서 워킹을 하고 언더웨어나 비키니 심사를 하면서, 성적 주체가 아닌 성적 대상으로서의 아름다움을 평가한다. 반면 미스터코리아는 성적 대상이 아닌 남성다운 근육의 아름다움을 동일한 남자들의 시각에서 평가받는다. 그리고 여성 미인대회 참가자들이 비키니 심사에서 창피해서 숨고 싶었다는 이야기는 없는 것을 보면, 여성들은 성적 대상화에 익숙한데 반해, 아무래도 이승환

아름다움이 그대를 속일지라도

은 특권적인 남자가 성적 대상화되는 것에 불편함을 느꼈던 것 같다.

성적 주체가 아닌 성적 대상으로서의 아름다움을 장착할 것을 수천 년 전부터, 어린 시절부터 다양한 수단과 담론을 통해 교육받아온 결과, 여성들은 아름다움에 대한 본능을 지니기라도 한 것처럼 여겨진다. 이 논리에 따르면, 남자들은 이런 성적 대상을 바라보며 즐기고 유희하는 자격을 부여 받은 존재로서, 자신들의 이러한 특성을 아름다움이 아닌 숭고라는 이름으로 자리매김해왔다. 숭고한 존재는 바라보는 존재이자 이성을 가진 존재다. 남자는 절대 보이는 존재나 성적 대상화되는 존재가 아니다. 남성적 연대는 법과 수사의 영역에서만 행해지는 것이 아니라 철학이나 미학까지 구석구석 카르텔이 형성되어 있다.

그리하여 이를 입증이라도 하듯 음란물동영상과 불법촬영 몰카들은 남자들의 이러한 보는 욕망을 충족시키며 범람하고 있다. 남성의 일상적 사고는 여성의 몸을 보는 습관을 형성한 주체로서, 보여지는 여성보다 우월함을 갖는 권력관계를 고착화시키고 있는 것이다. 그런데 사례2)처럼 여성이 주체적으로 남성을 본다면? 그렇게 되면 남성들의 우월감과 남성들 중심의 시각적 감각의 카르텔 세상을 위협하는 것이리라. 『이갈리아의 딸들』에서 소년들이 파티에 참가하면서 잔뜩 치장하고 나와 떨리는 가슴으로 선택을 기다리고 있는 장면처럼 남녀상황과 의복, 외모가 전복된다면 말이다. 보는 자와 보이는 자, 선택하는 자와 선택당하는 자로 나누어진 세상에서 선택되어야 하는 대상이 아름다움에 대한 선천적 본능을 가지고 있다고 판단한다면, 분명 아주 단단히 착각하고 있는 것이다. 아름다운 대상을 판단하는 주체가 자신의 취향과 기준에 관한 권한과 권력을 갖고 있기 마련이고, 평가받고 선택받는 대상은 그 기준과 취향에 맞는 인위적 노력, 생존을 위한 노력을 기울여야 하는 피지배 위치에 있는 것이기 때문이다, 이러한 권력관계에서 본능은 생존을 위한 것, 생존을 위해 권력이 요구하는 외모를 장착하는 것일 뿐이다. 여성만이 아름다움에 대한 본능을 따로 타고난 것이 아니다. 2장에서 보듯, 필요에 따라 남성의 아름다움에 집착하고 또 필요에 따라 아름다움을 여성에게 장착시키는 것으로 볼 때 아름다움에 대한 본능을 더 강력하게 타고난 쪽은 남성이라는 주장이 합리적으로 타당한 추론일 것이다. 그러므로 이번 장은 여성이 남성을 위해 '보여지는 대상'으로 익숙해지게끔 여성을 내면화시킨 철학의 내면을 들여다보고자 한다. 여성의 아름다움을 한편으로 찬미하면서 다른 한편 그 아름다움의 효용을 성적 대상화로만 명확하게 제한하는 남성중심적 담론의 속내를 살펴보려는 것이다.

아름다움이 그대를 속일지라도

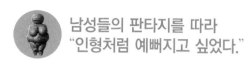

남성들의 판타지를 따라
"인형처럼 예뻐지고 싶었다."

"아름다움이 아니라면, 여자가 그 무엇으로 가치 있는 사랑을 얻
거나, 이미 얻은 사랑을 지킬 수 있을까? 아름다움이 아니라면 그
무엇으로 세상의 경탄을 얻고 유지할 수 있을까? 기껏 도덕을 가
지고는 그 아름다움에 대항할 수 없으리니."

여성의 아름다움만이 여자가 세상의 경탄을 받으며 인정받는 유일
한 길이라고, 여성의 최고 가치를 오직 아름다움에 있다고 강변하는
위의 글은 1918년, 아네트 켈러먼Annette Kellermann이 『육체적 아
름다움*Physical Beauty: How to keep it*』에서 했던 이야기다. 과연 그럴
까 싶은 이 이야기는, 벌써 백여 년이 훌쩍 지났지만, 유감스럽게도

지금도 어린 시절 온갖 동화에서부터 수없이 반복되는 이야기다.

"아름다운 공주는 왕자님과 오래오래 행복하게 살았습니다."
"여자는 자고로 예뻐야 돼"

신세대인 엄마도 이렇게 이야기하고, 아빠도, 학교 선생님도, 할머니도 이모도 또 배운 사람도 배우지 않은 사람도 그렇게 얘기한다. 동화에서도 드라마에서도 온통 예쁜 여자들은 멋진 왕자님을 만나 행복하게 살았드래요. 예쁜 여자 아름다운 여자 이야기다. 그래서인지 왕자님이라고 생각하는 또래 남자애들은 초등학교 때부터 여자애들을 상대로 외모를 평가하고, 중고등학교, 그리고 성인이 되는 대학교에서도 남자들은 여자들의 얼굴이나 옷차림을 품평하느라 바쁘다. 이런 이야기 반복 속에서 여성들은 자신이 '보여져야 하는 모습' 혹은 '되어야 하는 모습', 한마디로 여성적인 모습이라는 틀 안으로 들어가게 된다.

"인형처럼 예뻐지고 싶었다."

탈코르셋을 한 여성의 말이다. 왜?

"인형처럼 예뻐지면 사람답게 대접받을 줄 알았으니까"

아름다움이 그대를 속일지라도

어린 시절부터 유치원과 가정에서 교육받은 대로 외모를 예쁘게 가꾸고, 외모에 맞게 말도 고분고분하게 하고 말도 잘 들었다. 그렇게 하면, 그렇게 해야만 대접받을 줄 알았으니까. 공주는 아니라도 한 사회에서 중요한 존재, 인간으로 존중받는 사람이 될 줄 알았으니까. 그런데 아무래도 그게 영 아니었던 것 같다. 돌아온 것은? 무시와 묵살 뿐이었다고 젊은 청춘은 말한다. 사회에서 요구하는 대로 예쁘고 아름다워지면, 그로 인해 받는 대우는 '사람답게'가 아니라 한낱 꽃과 같은 여자의 역할, 성적 대상으로서의 여성성으로서 끝없는 무시로 이어졌다는 것이다.

왜 이런 결과가 나온 것일까? 여성이 아름다움을 위한 노력을 통해 얻고자 하는 것과 사회와 남성들이 여성의 아름다움을 격려하며 얻고자 하는 것이 애초에 다르기 때문이다. 서로 동일한 용어, 여성의 아름다움이란 용어를 사용하고 목표로 하는데, 그 목적이 달랐던 것이다. 소위 사회와 가부장적 남성들이 여성에게 요구하는 외모의 아름다움과 여성다움은 말없는 침묵과 순응을 패키지로 요구하는, 소위 무해한 '청순글래머'나 '청순베이글녀(옛말로 백치미)'의 탄생이다. 반면 여성들은, 특히나 현재의 젊은 여성들은 사람답게 대우받고 인정받기를 원한다. 말없는 침묵과 순응으로 남자에게 사랑받는 쪽이 아니다. 왜냐하면 침묵과 순응으로 일관하던 어머니가, 할머니가 인생 내내 무시와 묵살을 당했음을 보아왔고, 자신도 그런 쓴 맛을 경험했기 때문이다.

칭찬은 고래도 춤추게 한다고 한다. 그런데 만일 칭찬이 고래를 춤추게 해서 인간들의 놀이공원에서 구경꾼의 눈요기가 되는 결과라면, 과연 칭찬이라는 것을 어떻게 생각해야 할까? 내가 만일 동물원 사장이 아니라 고래라면? 실제로『칭찬은 고래도 춤추게 한다』는 제목으로 나온 책에서의 내용은 동물원에서 칭찬을 통해 고래사육을 한 결과 고래로 하여금 사람들 앞에서 재주를 부리게 한 경험을 자랑스럽게 서술한 이야기였다. 칭찬을 미화시키려는 나머지, 칭찬을 사용해 고래를 사육해서 혹독한 훈련을 이겨내게 해 구경꾼들의 눈요기로 만드는 이용법이었다.

가끔씩 누구나 조금씩 느꼈겠지만, 칭찬은 특정 존재의 착한 본성을 이끌어내어 순응적으로 만들어 칭찬하는 자의 손아귀에 들어오게 하는 독약일 수 있다. 착하다 착하다, 잘한다 잘한다 칭찬하면, 착해야만 하고 잘해야만 하고, 나의 불편과 불만과 속상함은 표출할 수 없게 된다. 그런데 "예쁘다 예쁘다."는 칭찬도 혹시 그런 것 아닐까? "착하다" 혹은 "잘한다", "예쁘다"라는 칭찬은 그것이 의도적이든 무의식적이든 누군가를 순응하게 할 목적으로, 상대를 길들이기 위한 목적으로 이용되어 온 것 아닐까? 특히 위계질서가 강조되는 사회거나 아직 판단이 미숙한 아이들일 경우.

더구나 인형처럼 예뻐져서 드디어 "예쁘다"는 말을 듣고도 탈코르셋을 하는 여성들이 있다면, 그것도 한두 명도 아니고 계속해서 이어지고 있다면, 그들의 가슴 속 가장 깊은 곳에서 구름처럼 뭉게뭉게 일어나는 그것은 무엇일까? 아마도 그것은, 아마도 그것은 가슴 깊이 느껴지는 뼈아픈 가장자리, 주변부로 밀려남, 상처, 배신감…… 그리

아름다움이 그대를 속일지라도

고 분노일 것이다. 사회가 원하고 장려하는 외모를 했는데, 고래가 칭찬을 들으며 춤을 추게 되었는데, 저 푸르고 자유로운 바다가 아니라 작고 갇힌 공간 안에서, 고래 자신이 원하는 삶이 아니라 인간 구경꾼들과 돈의 노예로 전락하고 있음을 깨닫고 느끼는 좌절과 분노다.

열심히 화장하고 예뻐지면 남자들은, 사회는 칭찬을 한다. 그런데 그 칭찬 뒤가 이상하다. 분명 칭찬인데 그건 그다지 가치 있는 일이 아니라고 이야기하기 때문이다.

"남자들은 내가 사회의 기준에 맞춰 예뻐지면 예뻐질수록 칭찬을 하면서도, 다른 한편 그런 건 한심하고 본질적이지 않은 것처럼 취급했다. 남자들은 내가 하는 화장과 꾸밈을 남자는 절대 할 수 없는 일이라고 하면서도 동시에 내가 하는 화장과 꾸밈을 여자들이나 하는 하찮은 것이라고 말했다."

어느 탈코르셋 여성의 말이다. 그뿐인가? 그녀는 한 마디 더 보탠다.

"그들은 내가 예쁘게 보이는 것이 내가 누릴 수 있는 최고의 능력, 그러니까 남성에게 잘 보이는 것이야말로 내가 인정받을 수 있는 최고의 능력인 것처럼 얘기하곤 했다."

남자들은 예쁘게 꾸미고 치장하는 것은 여자들이나 하는 일일뿐 아니라, 그것만이 여자들이 누릴 수 있거나 인정받을 수 있는 최고의 능력이라고 생각한다는 이야기이다. 백여 년 전의 미국, 그 옛날, 여성의 존재 이유를 오직 남성에게 예쁘게 잘 보이는 것이라는, 여성의 존재이유와 가치를 오직 남성에게 성적 대상으로 인정받는 것이라고 이야기한 것과 다를 바가 없다. 아름다움 혹은 미의 추구만이 여성존재의 이유이자 미덕이라는 것이다. 여성존재의 이유와 목적을 여성 스스로 선택한 것이 아니라 남성이 정하고 제한해 버린 것이다.

마법의 성

아름다움은 여성으로 하여금 수동적이고 복종적인 신체를 익히게 하는 마법의 성 같다. 동화 속 공주들이 마법에 취해 그 성안에 갇히게 되듯, 여성들은 어린 시절부터 보고 들은 교육에 의해 어느새 아름다움이라는 마법에 갇히게 된다. 동화 속 마법은 왕자님의 키스로 풀리고 공주를 구해주었다. 조금 시간이 지나자 〈슈렉〉에서 피올리나 공주는 슈렉의 키스에도 아름다운 모습으로 돌아가지 않고 그대로 살아갔다. 그러나 이제 여성들은 왕자도 슈렉도 필요 없다고 외친다. 누군가의 키스에 의해 아름다움의 마법으로 풀려난다는 것은 또다른 마법으로 이어질 수 있으므로, 스스로 일어나고 아름다운 모습으로 돌아갈 필요도 없어졌음을 알기 때문이다.

여성들은 이제 눈을 떴고, 귀가 트였고, 마침내 입을 열었다. 아름다움을 여성의 유일한 미덕으로 칭찬하는 남성들의 가부장적 여성차별의 미묘한 뉘앙스를 알아차린 것이다. 여성의 아름다움을 칭찬하면서 동시에 그것만이 여성이 이룰 수 있는 인생 최고의 능력인 것처럼 이야기하며 멸시하는 속내를 알아차리지 않을 수 없었던 것이다. 그래서 목소리를 내고, 여성의 아름다움, 여성의 꾸밈을 벗어던지며 다음과 같이 묻고 있다.

"아름다움이 여성의 본능이라는 이야기는 가부장적 권력이 여성에게 행사되는 방식이 아닌가? 여성의 삶과 존재를 조이는 코르셋 아닌가?"

여성의 아름다움을 담은 수많은 동화와 스토리들은 어쩌면 꿀처럼 달콤하게 느껴지지만, 사실상 그것은 어디까지나 남성을 위한, 남성에 의한, 남성의 여성에 대한 권력 행사방식 아닌가? 그것은 결코 여성 입장에서의 아름다움, 여성을 위한, 여성에 의한, 여성의 아름다움이 아니다. 왜냐하면 짧은 치마에 짙은 화장을 하고 하이힐을 신은 신체는 단지 그 외모 규정에 머무는 것이 아니라 그에 적합한 여성스러운 태도, 조심스럽게 두 다리를 모으고 앉음으로써 다소곳하고 고분고분한 몸가짐과 순응의 몸짓 기호들을 필연적으로 요구하기 때문이다. 여성의 자유를 제한하는 결과를 초래하기 때문이다. 그리고 이러한 여성의 아름다움이 지니는 효용은 기껏해야 남성을 위한

　　　　　　　　　아름다움이 그대를 속일지라도

번식이나 성적 대상화로서의 가치로만 전락시키는, 그래서 여성의 가치가 다양한 능력과 가능성을 지닌 존재가 아니라 음란물과 몰카에서 남성들이 일상적으로 즐기는 하찮은 존재로 취급되는 것에 불과하기 때문이다. 우선 아침마다 남자 직원들보다 더 많은 시간을 거울 앞에서 꾸밈노동을 해야 하고, 그래서 남자들이 정상을 향해 하늘 높이 날아오르는 준비를 하는 동안 여자들은 그 남자들을 위한 보조적 존재로 머무르게 되는 것뿐 아니라, 도발적인 옷차림으로 쉽게 남자들의 성희롱을 받는 위기에 처하게 되며 자기존중감과 인간으로서의 가치를 존중받지 못한다. 게다가 그런 위기들과 위험한 상황에 빠져 법정에 호소할 때 요리조리 빠져 나가는 남성을 위한 판결들 속에서 여성을 위한 정의라는 것은 흔적도 없이 사라져버리고 만다. 그 결과 사회의 다양한 정치 영역에서 여성의 가치판단과 의사결정권은 배제되기 일쑤다.

지금껏 사회정의는 오직 국가적 차원이나 계급적 차원에서만 제기할 수 있는 것처럼 여겨졌다. 여성들의 삶과 경험으로부터 나온 문제들은 정치민주적 의제와는 동떨어진 부차적인 일로 치부되어 소외되어 왔다. 특히 여성에게 요구되는 외모의 아름다움이 사실상 여성에게 권력이 행사되는 구체적이고 미시적인 메커니즘과 젠더권력이 행사되는 정치의 영역임을 무시해왔다. 아름다움이야말로 일상에서 여성을 지배하는 가장 직접적 정치임에도 불구하고, 그것을 사소하고 하찮은 일로 담론화시켜 온 것이다. 그러나 여성들의 자발적인 탈코르셋 운동은 여성적 아름다움의 문제야말로 개인적인 것도 사소한 부분적인 문제도 아닌, 우리 사회 전체, 직장이나 학교 등 공적 영역에서 모세혈관처럼 퍼진 남성성/여성성에 대한 부당한 위계질서로 인한 억압과 고통, 모순과 모욕의 근원임을 고발하고 있는 것이다.

소위 여성적 아름다움이란 것이 여성 자신을 소중하게 생각하는 인간적 가치나 평등과 같은 사회적 가치를 무시당하거나 부당하게 이용당하게 하는, 인간적 존재로서의 경멸과 모욕의 원천, 진앙지가 되고 있기 때문이다.

아름다움이 그대를 속일지라도

'꽃처럼 아름다운 여성Flower Women'의 이데올로기

"여성은 꽃과 같다!"

시나 소설에서, 그림에서, 패션에서 언제나 여성은 꽃과 같은 존재, 꽃처럼 어여쁘고 꽃처럼 아름다운 존재로 묘사되는 경우가 많다. 물론 이 '꽃처럼 아름다운 여성'은 학교 교사들의 가르침에도, 비즈니스 세계로도 온라인 게임에서도 포르노그라피의 세계로도 여전히 확대발전하며 퍼져 있다. 여자들도 남자들도 어린 아이부터 어른까지도 모르는 이가 없다. 딸을 두었든 아들을 두었든 부모님들도 예외는 아니다. 여기서는 여성을 꽃처럼 보이게 하자는 생각으로 여성복을 디자인 했던 크리스티앙 디오르Christian Dior 이야기를 해보려

○ 디오르 뉴룩(New Look)

한다. 그의 패션은 어쩌면 그 누구보다 소위 여성적인 외모를 강조하는 남성들의 생각을 가장 잘 대변하고 있는 것 같아서다. 꽃처럼 아름다운 여성이라는 사고가 여성 자신보다는 남성의 욕망과 사유로부터 비롯된 것임을 확인하기 위해서다.

"나는 여성을 꽃처럼 디자인하였다. 부드러운 어깨와 풍만한 가슴, 열대 덩굴 식물처럼 가는 허리, 꽃부리 같은 스커트……"[10]

---

10 이즘패션산업연구소, 『크리스띠앙 디오르』, 이즘, 1993, 26쪽.

아름다움이 그대를 속일지라도

○ 디오르 뉴룩

'꽃처럼 아름다운 여성Flower Women'이라는 주제는 여성을 꽃처럼 디자인하고 싶었던 크리스티앙 디오르가 제2차 세계대전 후 폐허가 된 우울하고 침체된 유럽에서 일약 패션계를 놀라게 했던 첫 번째 컬렉션 '뉴룩New Look'의 콘셉트다. 그것은 긴 스커트와 가는 허리, 아름다운 옷감으로 만들어진 옷이 유행하던 벨 에포크[11]를 연상시키는 아름다운 디자인의 탄생이었다. 일명 여성스러움을 강조하는 이러한 '꽃으로서의 여성'은 사실상 당시의 정치적 의제와 맞아떨어져

---

11   벨 에포크: 19세기 말부터 제1차 세계대전까지의 아름답고 우아했던 시대.

더 인기를 끌었다. 디오르의 꽃과 같은 뉴룩은 제2차 세계대전 후 서구 정부들이 찾고 있었던 여성상을 완전히 표현해 낸 것이었기 때문이다.

제2차 세계대전 동안 여성들은 군함과 폭격기를 만드는 일을 담당해 왔다. 덕분에 이 시기 여성들은 권투선수의 어깨를 가진 군인 같았다. 그런데 이제 전쟁이 끝나고 평화가 찾아오자 전쟁에서 돌아온 남성들에게 할 일이 필요했다. 국가는 전쟁기간 동안 남성들을 대신해 맡았던 여성들의 일터를 전쟁에서 돌아온 군인들에게 넘겨주어야 했다. 각 정부들은 전쟁 후 이제 집으로 돌아가 가정주부나 어머니의 역할을 다시 하는, 전통적 여성성에 대한 대중적인 패러다임과 세뇌가 필요했다. 서구 국가들은 이제 여성들은 그들의 가정으로 돌아가고 여성들이 전쟁 기간 동안 했던 일들은 제대한 군인들이 맡아야 한다고 선전할 필요가 있었다. 한마디로 이제 여성들의 역할과 여성성은 다시 그녀의 남편들과 아이들을 위한 행복한 가정을 만들어가는 가정주부 역할이라고 선전함으로써 남성들의 일자리를 마련하고자 한 것이다.

그런데 운 좋게도 연합군 각 정부들에게 구원투수가 나타났다. 마침 크리스티앙 디오르의 꽃과 같은 여성Flower women 스타일이 바로 이러한 여성성이나 여성의 역할을 정확하게 대변했기 때문이다. 그 덕분에 크리스티앙 디오르의 뉴룩은 대박을 터뜨리게 되었다. 디오르의 꽃과 같은 여성의 뉴룩은 바로 서구 정부들의 이러한 이데올로기 선전의 일부를 맡아 한 것이었다. 미국의 광고들은 여성의 본분

아름다움이 그대를 속일지라도

은 가정이라는 것을 강조하는 노래를 들려주고 청소하는 여성의 모습을 방송했다. 그리고 디오르의 꽃과 같은 여성, 뉴룩은 전쟁이 가져다 준 커다란 어깨, 권투선수 같았던 여성들의 어깨와 군인 이미지를 대체하기 시작했다. 뉴룩의 여성과 여성성은 여성/남성, 가정/사회라는 이분법을 오롯이 전달하는 아름다운 꽃으로 피어난 것이다. 그것은 마치 정해진 여성의 생물학적 몸의 운명이라도 되는 것처럼 선전되었다.[12]

디오르의 꽃과 같은 뉴룩은 여성성과 아름다움, 꽃의 은유들이 단순한 은유가 아닐 뿐 아니라 여성성이 정치적으로 주조되고 있음을 보여준다.

---

[12] 이 광고와 유사하게 1909년 North Surrey District School에서 주지사 임원이 소년소녀들에게 행한 연설문을 보면, 다음과 같다. "가정을 지키고, 요리하고, 돌보고, 다른 사람들을 행복하게 하는 데 기쁨을 느끼는 것, 그것이야말로 소녀들의 의무요 임무이자 생애이다." Cicely Hamilton, "Marriage as a Trade", in *Ethics: A Feminist Reader*, ed. by E. Frazer, J. Hornsby, S. Lovibond, Blackwell, 1992, 37쪽.

꽃처럼 아름다운 여성성:
인생을 얌전하게 곁다리로 살아라

탈코르셋 인증과 주장들이 유행을 하자, 남자들의 넥타이도 목을 조인다고 불만이 많았다. 맞는 얘기다. 그러나 넥타이는 사회적 권위, 남성의 권력과 지위의 멋을 추구한다. 남성 권력을 뽐내지 않는 넥타이는 더 이상 넥타이가 아니다. 반면 가는 허리와 짧은 치마의 아름다운 여성복은 디오르의 경우처럼 남성의 성적 대상으로서, 남성적 신화와 환상 그리고 그 권력의 행사를 의미한다.[13] 남성복이 권력을

13 Seyla Benhaib, "The Generalized and the Concrete other" in Ethics: A Feminist Reader, ed. by E. Frazer, J. Hornsby, S. Lovibond, Blackwell, 1992, 290쪽.

아름다움이 그대를 속일지라도

연습하고 행사하는 반면, 여성복은 성적 대상화로 권력에 호소하기 때문이다. 양자는 차원이 다르다. 재미있는 현상이 있다. 평소 화려하거나 편안한 차림의 아이돌이나 슈퍼스타들 정준영, 최종훈, 승리, 탑 등이 불법촬영이나 마약, 음주운전 등 범법행위로 경찰서 출두를 하게 되자. 하나 같이 완벽 혹은 완벽에 가까운 정장 차림을 하고 포토라인에 섰다. 갑자기 이게 무슨 일인가? 마치 킹스맨이 양복 정장을 차려입고 공격도 하고 자신도 보호하는 무기를 입기라도 한 것처럼, 그들의 행동은 남성정장이 권력을 행사하거나 아니면 적어도 자신을 보호하는 갑옷 역할을 하고 있음을 보여준다.

이에 반해 아름다운 원피스나 낭만적인 여성복은 권력의 기능을 지니거나 권력을 연습하고 행사하는 역할을 하지 못하기 때문에 남성정장처럼 공격이나 방어 기능을 하지 못한다. 실제로 위협으로부터 자신을 보호할 수 없는 것은 물론이다. 그러므로 여성의 아름다움이나 여성 외모는 여성 몸에 자유를 주는, 여성 자신을 위한 아름다움이나 외모라고 보기 어렵다. 권력이 전혀 없는, 아니 권력에 속하지 않은 외모는 곧 피지배층의 외모 기능을 할 수 밖에 없기 때문에 자유라는 것이 불가능하다. 자신을 보호할 수 없는 외모는, 즉 힘이 약하다는 것은 곧 실질적인 자유의 상실을 의미하기 때문이다. 지금껏 지배담론은 항상 형식은 내용보다 부차적인 것이거나 수단이라고 선전해 왔지만, 사실은 그 반대다. 외모적 형식이 내용 그 자체다. 형식은 결코 부차적이거나 수단 따위가 아니다. 의복이나 외모와 같은 물리적 기호를 다루는 기호학 입장에서 볼 때 형식은 곧 내용이자 사유, 사유내용이다. 즉 외모형식이 권력을 연습하거나 행사하고 방어하거나 혹은 종속의 위치를 대변한다. 전근대사회에서 화려하고 값비싸게 꾸민 왕 앞에서 고개를 조아리는 피지배층들은 바로 그 형식 앞에 무릎 꿇은 것이다. 물리적 형식이란 그런 것이다. 정신으로 지배하는 것이 아니라 물질과 형식, 외모로 지배하는 것이다.

당연히 외모의 불평등을 통해 전근대 역사가 진행되어 왔으며, 이때 자유는 왕과 귀족, 특히 남성들에게만 독점되었다. 역사적으로 큰 변화나 변혁의 시기에는 언제나 외모의 불평등을 벗어나려는 의복혁명이나 패션의 혁명이 있었다. 여기서 혁명이란 용어를 굳이 사용하는 이유는 날씨나 기온, 환경의 변화에 따라 의복이나 패션의 흐름이 변화한 것이 아니라 사회와 외모의 불평등을 깨트리려는 사람들의 노력과 투쟁이 있었기 때문이다. '꽃과 같은 아름다움'은 조용히 수동적으로 있으면서 주변을 환하게 밝혀 주는 꽃처럼, 여성으로 하여금 인생을 얌전하게 남성의 주변에서 곁다리로 살라는 쓰담쓰담 언어이기 때문이다. 그러므로 여성의 자유를 위한 투쟁은 바로 외모의 변화나 평등화의 노력으로부터 시작하고 증폭되는 것이 당연하다. 여성들이 갑옷입기 투쟁을 하는 이유다.

아름다움이 그대를 속일지라도

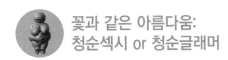

꽃과 같은 아름다움:
청순섹시 or 청순글래머

"수줍은 듯 유쾌한 미소",

"기웃거리는 고개, 들뜬 기분",

유혹하는 듯한 눈썹,

뭔가 묻는 듯한 입술,

비밀스런 이마,

매혹적인 긴 머리 혹은 곱슬머리,

감추는 듯한 속눈썹,

현실적인 정숙,

천사 같은 순결,

남몰래 얼굴 붉히는 모습,

가벼운 발걸음,

부드러운 몸매,

풍만한 가슴,

굴곡 있는 엉덩이,

귀여운 발,

우아한 손"14

    이 목록들은 여성의 꽃과 같은 아름다움이자, 이것의 다른 버전들이 요즘 말하는 청순섹시, 청순글래머, 청순베이글녀이다. 과연 이러한 꽃과 같은 여성의 아름다움은 여성의 몸으로 태어나면 저절로 탄생되는 품성들일까?

    이 목록들은 사실 19세기 빅토리아 시대 이상적 여성성과 여성적 외모, 여성의 아름다움을 나열한 것이다. 문학책에서 보았던 아름다운 여성들의 모습이다. 그런데 이 목록은 순수하게 생물학적인 여성의 모습이라기보다는 정숙, 순결, 인내, 수줍음 등의 가부장적 가치들로 뒤덮여있다. 그리고 이것은 지금 21세기 경제 10위권 대국 대한민국의 사회가 여성들에게 요구하는 여성상이기도 하다. 이러한 빅토리안적인 여성성을 습득하기 위해서는 어릴 때부터 여자아이들에 대한 사회화에서 조심스럽고, 착하고 상냥한 여성성이 교육되어야

---

14   키에르케고어, 『유혹자의 일기』, 연희원 옮김, 한길사, 2001, 286쪽.

한다. 그리고 실제 지금 20대 초반 여성들도 많은 경우 이렇게 사회화되며 성장해왔다. 가정에서, 학교에서, 교회에서, 그 외 어디서든.

어릴 때부터 핑크색 머리띠와 구두 치마를 입히고, 머리와 옷에 리본을 달아주고, 옷에는 절대 흙이나 더러운 것들을 묻히지 않도록 조심하라고 엄마는 딸에게 반복적으로 가르친다. 심지어 축구나 야구를 즐기거나 동네 꼬마대장이었던 여자아이들도 초등학교 고학년부터 중고교를 거쳐 친구들로부터 왕따가 되지 않고 선생님들로부터 훈수를 듣지 않으려면 어느 새 여성스러운 옷차림과 태도를 장착하게 된다. 조심스러움과 자기검열과 외모강박증도 반드시 첨부한다. 이렇게 사회화되며 여성스러움 혹은 여성적 아름다움을 자의든 타의든 익히게 되는 이유는 외모와 패션이란 단지 외관이 아니라 사실상 기존의 도덕과 윤리적 태도의 훈육이기 때문이다. 치마를 입고 뛰어다니지 말라는 것은 여성스러운 옷을 입으면 그에 따른 도덕적 태도, 전통적인 여성의 도덕과 순종적이고 유순한 태도를 취하라는 말이다.

그런데 스커트는 원래 조심해서 속옷이 보이지 않아야 하는 옷일까? 스코틀랜드 남성들 전통 의상 중에 타탄 체크무늬 스커트, 킬트가 있다. 물론 킬트는 남성들이 입는 전통의상이며, 지금도 전통축제 때 남자들은 자랑스럽게 이 체크무늬 스커트, 킬트를 입고 춤을 춘다. 그들만이 아니라 때론 헐리웃 스타들도 입는다. 그런데 그들은 그 스커트를 입고 조심조심하지도 공손하지도 않다. 속옷이 보일까 걱정도 하지 않는다. 그렇다면 혹시 그들의 체크무늬 스커트, 킬트 속

◆ 스코틀랜드 전통의상

에 무엇을 입는지 아는가? 한 번도 궁금한 적이 없었는데, 우연히 알
게 되어 놀랐다. 그들은 그 스커트 아래 아무 것도, 도대체 속옷이란
것을 전혀 입지 않는다. 스코틀랜드 남성들이 스커트를 입고 자신들
의 소중한 성기가 보이든 보이지 않든, 상관하지 않고 활동적이라는
것은 그것을 자랑스러워한다는 의미이다. 아니 사실은 고대 그리스
에서도 그랬듯 성기를 자랑스러워하기 때문에 굳이 속옷이란 것을
입지 않는 것인지 모른다. 남자에게는 남자답게, 남성의 성기를 자랑
스럽게 여기는 것이야말로 남성스러움이자 남성의 도덕이라고 여기
는 것이다. 게다가 스커트 입고 팬티도 입지 않고 북 치고 장구 치고

아름다움이 그대를 속일지라도

있다. 페니스파시즘 국가, 여기 +1추가다. 반면 여자들은 속옷까지 입고도 조심조심해야 한다. 짧은 스커트를 입으면 조심하는 것이 당연하다는 듯이. 사정이 이런데도 이러한 외모의 불평등을 남녀의 단순한 차이라고 말할 수 있을까?

스커트에 대한 남녀 착용방식을 보면, 스커트의 본래적인 기능이나 올바른 착용 방식이란 없다고 해야 할 것이다. 우리나라 여성들이 스커트 혹은 짧은 미니스커트를 입고 조심조심해야 하는 것은 스커트라서 속옷이 보일까봐 조심해야 하는 것이 아니라, 여자라서 조심해야 하는 남녀차별적인 성도덕을 강제하는 것이라고 보아야 하는 것이다. 대한민국 남녀문화정치의 현주소다. 이 때문에 여성들은 여성스러운 조심성을 배우고 실천하느라 자아의 주름을 펼치고 나아가 자유롭게 세상과 맞서지 못할 때가 많은 것이다. 그러므로 현재 대한민국에서 정상적이고 바람직한 여성의 아름다움은 여전히 아주 고전적이고 유교적이다.

국내 대형항공사 여승무원들의 친절함은 장난이 아닐만큼 사람을 편안하게 해준다. 타이트한 스커트의 불편한 차림인데 자세도 흐트러지지 않고 친절한 미소까지 장착하고 물이면 물을 바로 서비스 해주는 모습이 감탄스럽다. 특히 외국 항공기를 이용하다 국내항공기로 바꾸어 타게 되면 여승무원들의 공손함에 놀란다. 승객 입장이 아닌 승무원 입장을 보면, 국내 여승무원에게 요구되는 외모 조건이나 매뉴얼은 까다롭기로 유명하다. 불편한 타이트스커트와 블라우스를 입고 민첩하게 움직이며 기내 승객의 안전을 책임지는 여승무원들은 공손하고 친절함까지 장착하고 감정노동을 해야 한다. 반면 외국 항공사 여승무원들이나 남승무원들은 그리 공손하거나 친절하지 않은 경우가 많은 것을 보면, 우리가 느꼈던 기막힐 정도의 친절함은 이들의 세련된 외모 속에 가려진 상냥하고 공손함, 유교적 여성상의 세련된 버전, 유순한 몸의 강제라고 할 수 있다. 외국항공사나 상점들의 친절은 고분고분하기보다는 밝지만 당당하다. 때론 아주 고약하고 공격적이기까지 하다.

레비나스는 이러한 여성적인 것을 "약함이자 조심스러움", 그리고 "상냥함"으로서 처녀성이라고 규정한 적이 있다. 레비나스는 이러한 규정을 비판 없이 말하고 있지만, 약하고 조심스러운 여성성은 남성 가부장제 밑에 있는 피지배층의 모습이다. 외모의 지배/피지배 불평등은 전근대사회 뿐 아니라 특히 남녀에 있어서는 현재도 계속되고 있기 때문이다. 외모의 불평등을 정치적 불평등과 관련 없는, 그저 생물학적 남녀 차이에서 오는 자연스러운 것인 양 여기기 쉽다. 그러나 화장을 하되 너무 강하고 화려하게 해선 안 되고, 그렇다고 화장을 하지 않는 것은 예의가 아니고, 짧은 치마를 입되 다리를 벌리고 앉으면 안 되고, 걸음걸음은 성큼성큼 아닌 사뿐사뿐 해야 하고, 샤방샤방 여자여자 해야 한다면, 그것은 정치적 불평등을 의미하는 것이다. 남자들이 쩍벌 자세로 편안하게 앉아있고, 족구와 축구로 운동장을 다 차지하고 있는 동안, 여성들은 조심조심하며, 행여 남자의 기분을 상하게 할까 봐 여리여리한 유리멘탈 자아로 약해지고 있다면, 그것은 타고난 품성 차이나 남녀음양론 차이 때문이 아니라 정

아름다움이 그대를 속일지라도

치적 불평등과 차별로 인한 피지배자 혹은 종속의 위치로서 자유가 제한된 몸의 표현이기 때문이다.

혹자는 왜 툭하면 여성과 남성을 비교하느냐고, 왜 외모나 아름다움까지 남녀를 비교하고 대결을 하게 하냐고 물을지 모르겠다. 그러나 하나의 물리적인 형식의 기호로서 외모는 단독으로 그 의미를 갖는 것이 아니라, 기호는 언제나 한 사회의 전체 의미연관 속에서만 도출되는 것이다. 즉 외모나 패션은 여성 독자적으로 형성되는 것이 아니라, 당대 사회에서 사람들이 남녀관계를 어떤 방식으로 원하는지, 아니 좀 더 정확하게 말하자면, 외모의 형식이란 언제나 남녀의 권력관계를 반영하기 때문에 어느 한쪽만의 평가는 사실상 불가능하다. 따라서 남성의 권력이 강할수록 남성의 성적 취향을 만족시키지 못하거나 남자를 행여 위협하는 여성의 그 어떤 몸짓이나 외모도 여성성에서 벗어난다. 여성 입장에서 청순 섹시나 청순 글래머가 남·녀 권력관계에서 볼 때 불편한 이유다. 가슴의 크기가 여성성과 아름다움을 결정하며, 동시에 너(여성)는 성적 순결 모습이어야 한다는 메시지가 들어 있기 때문이다.

남성을 위한 존재로서 여성성과 아름다움: 어느 철학자의 판타지

남성이 여성을 성적 대상으로 보고, 여성이 남성을 성적 대상으로 보는 것은 이성애 사회에서 자연스러울 수 있다. 그러나 남성이 여성을 오직 성적 대상으로만 보는 것은 남녀의 불평등한 관계를 드러내며, 하필이면 그런 시각은 여성의 아름다움을 둘러싸고 벌어지고 있다. 여성은 자기 자신이 아니라 오직 타자를 위해서만 존재한다고 겁도 없이 무지막지하게 규정한 철학자가 있다. 덴마크 출신 키에르케고어다. 그는 유사 이래 지금까지 남성들의 사고를 아주 정확하고 솔직하게 드러내며 전달하고 있다. 물론 철학자 키에르케고어만 유독 이런 생각을 한 것 같지는 않다. 지금도 우리 주변에 이런 사고를 수없이 많이 볼 수 있다.

아름다움이 그대를 속일지라도

키에르케고어에 따르면, 예를 들어 여성의 존재는 식물의 생명이 소박하게 숨겨진 아름다움을 꽃피우듯 오직 타자를 위해서만 존재한다.[15] 이런 모습의 여성을 이름하여 타자존재Being-for-other라고 한다. 여성은 타자존재이기 때문에 독립적으로 자기 자신으로서 존재할 수 없다. 타자를 위한 존재란 '나를 위한 존재'이면서 동시에 '다른 사람을 위해서도 존재'하는 것이 결코 아니기 때문이다. 특히 타자존재인 여성은 남성처럼 여성 자신을 위한 존재가 아니다. 그러므로 여성은 본질적으로 남성을 돌보거나 헌신하는 존재다. 여성의 타자존재란 말 그대로 타자를 위한 존재, 성적 대상화, 돌봄과 헌신의 존재라는 것이다. 그는 남성의 여성지배에 따른 불평등한 현실을 마치 자연의 본질을 꿰뚫어 본 듯 서술하고 있다.

여성은 자연의 꽃처럼, 여자다움으로 인해서 이런 특징을 지니고 있다고 한다. 그러면 여성은 어떤 면에서 자연이나 꽃과 동일한가?

"모든 자연은 그 자연의 특수한 부분이 다른 특수한 부분을 위한 것이라는 목적론적 의미에서가 아니라 자연 전체가 바로 타자를 위해서, 즉 정신을 위해서 존재한다는 의미에서 타자를 위해서만 존재한다……. 예를 들어 식물의 생명은 소박하게 그 숨겨진 아

---

15 S. Kierkegaard, *Seducer's Diary*, 430쪽. 이러한 입장은 에코페미니스트들이 비판하듯이 자연과 여성 모두에 대해 남성들의 지배를 의미한다. 로즈마리 통, 『페미니즘 사상』, 이소영 옮김, 한신문화사, 2000, 470쪽.

름다움을 꽃피우며 오직 타자를 위해서만 존재한다.[16]

무엇이라? 여성은 자연처럼 타자를 위한 존재, 타자를 위해서만 존재한다? 그럼 여기서 타자란 누구인가? 바로 남성이다. 그는 지금 여성의 존재 이유를 오로지 남성을 위해 헌신하는 존재로 규정하고 있다. 그게 자연의 질서라는 이야기이다. 자연의 꽃이 인간을 위해서 존재하듯, 여성 자체가 오직 남성을 위해서만 존재한다. 그런데 이런 식으로 세상을 파악할 경우, 남성은 주체적이지 못한 자연과 꽃, 그리고 여성에 대해서 지배할 권리를 갖게 된다. 자연 전체와 여성, 모든 존재가 정신, 즉 남성이자 인간을 위해서 존재하는 것이다. 왜냐하면 남성은 여성과 달리 자체존재(Being-for-self) 혹은 대자존재로서 주체적으로 반성하고 판단하는 지성을 지녔기 때문이다. 마치 존재의 사다리 가장 위에 남성이 존재하며, 남성은 이들 존재들의 최종 목적지이자 지배자가 된다. 이러한 표현과 사고는 실제 가부장적 남성들이 현재도 가지고 있는 솔직한 마음이다.

여기까지 만으로도 여성다움이란 지배자인 남성들이 만들어 낸 판타지임에 틀림없다. 그런데 철학자는 한 발 더 나아가 여성의 아름다움을 서술하며 그것을 마치 생물학적으로 타고난 남성을 위한 여성 본성인 양 서술하고 있다.

---

16   289쪽.

'아름다움'이란 가부장적 판타지와 철학의 공모

위에서 언급한 것을 기반으로 키에르케고어의 생각을 좀 더 들여다보면, 여성은 타자존재로서, 그녀의 아름다운 부분들의 조화, 꽃과 같은 아름다움은 타자존재로서 남성을 위한 것이다. 특히 연약하고 지성이 부족한 꽃으로서의 여성성과 그 아름다움은 남성에 의해 결정되어야 한다. 왜냐하면 여성 스스로는 이를 반성적으로 자각할 능력이 없으므로. 요즘 식으로 말하자면, 여성의 아름다움은 남자에게 보여줌으로써 그 의미가 있기 때문이다. 보여줄 남자가 없다면 여성의 아름다움이 무슨 소용이냐는 것이다. 혹은 여성은 스스로 자각능력이 없으므로 여성스러움과 그 아름다움은 오로지 남성의 감상대상이자 지각대상일 뿐이다. 결국 어떤 의미로든 타자를 위한 존재로서 여성의 아름다움은 남자의 꿈이자 로망이다. 그녀가 비로소 잠에서 깨어나는 것은 오직 남성을 통해서이기 때문이다. 오직 남성의 사랑을 통해서, 남성의 사랑을 접하게 될 때야 비로소 여성성은 깨어나는 것이다.

그런데 키에르케고어가 분명히 강조하고 있는 여성적 아름다움의 절정은 바로 **여성의 처녀성**(virginity)이다. 그러므로, 남성의 사랑을 통해서 비로소 여성성이 깨어나는 것이라는 낭만적인 서술은 사실 남성이 여성의 처녀성이나 섹슈얼리티를 사용할 권리를 갖는다는 말에 다름 아니다. 결과적으로 여자란 남성에 의해 순결을 잃는 행위를 통해서야, 남성의 성적 대상화가 되어서야 비로소 여성성은 깨어나고, 그 존재의 의미가 있다는 것이다. 여성적 순수함이란 바로 그러한 특징을 의미한다. 참 용감한 발언인데, 유감스럽게도 대한민국의 현실은 이것보다도 더 잔인하고 비열한 경우가 많다. 온라인 여기저기서 남성들은 '자박꼼'[17]을 외치고 있으니 말이다. 2018년 12월 이수역 사건을 통해 여성들이 남성의 성기에 대해 혐오발언을 한다고 언론은 마치 있을 수 없는 말을 하는 것처럼 도배했지만, 지금 이 철학자조차 그 자박꼼 뒤에 숨어 있는 남성들의 속내를 이렇게 솔직하게 대변하고 있다.

---

[17] 인터넷에서 자주 여성을 공격하며 사용하는 용어이다. "자지를 박으면 꼼짝도 못할 년"이라는 뜻이다.

　　　　　　　　　　　　　아름다움이 그대를 속일지라도

이렇게 가부장적 남성들은 철학적으로도 꽃으로서의 여성성과 여성적 외모를 남자와의 관계를 통해서만, 여성을 남성을 위한 성적 대상으로서만 이해하고 있다. 의기양양하게 '자박꼼'으로 여성을 공격하는 것은 바로 이렇게 동서양 구분 없는, 대중문화나 포르노나 고상한 철학이나 구분 없는 공고한 가부장적 남성연대가 자리 잡고 있기 때문이다. 이러한 이해는 여성을 꽃으로, 여성성의 본질을 꽃의 아름다움으로 규정하는 사고가 지닌 남성중심적 사고로서, 실제 현실에서 여성들에게 강요되는 행동방식이다. 세상의 주인이자 유일한 주체인 남성을 위해 꽃처럼 다소곳하게 꾸며 입고 화장함으로써 성적인 쾌감도 주면서 서비스하고 서빙하고 알바 하라는 것이다. 그리고 그것의 이름이 소위 여성의 아름다움이다.

이러한 입장은 여성이 주체적으로 지성을 갖고 자기 자신과 세계에 대해 반성적으로 인식하고 파악하지 못한다고 생각하기에 가능했던 19세기 주장인데 대한민국에서는 여전히 계속되고 있다. 그래서 여성들이 주체적으로 반성하고 의식하며 외치며 탈코르셋을 할 때마다 가부장적 남성들 심장이 깜짝깜짝 놀라는 건지 모른다. 그럴수록 왕좌와 권력을 빼앗기지 않기 위해서 더욱 더 아름다움이 자연의 본성임을 강조하며 공격할 것이다. 이렇게 시대착오적인 남녀고정관념을 통해서만 가부장제가 유지되므로 더욱 공격적으로 불법촬영제작과 유포에 몰두하는 것일지도 모른다. 혹시나 사라질지 모르는 그들만의 판타지, 여성을 지배하는 재미있는 게임의 남성성을 잃지 않기 위해서.

이런 의미에서 여성을 아름다운 장미꽃으로, 자연으로, 지배의 대상으로, 성적 대상으로만 간주하는 것은 여성비하나 여성혐오와 맞닿아 있다. 여성을 아름다움으로 연결 짓는 사고가 보여주는 여성에 대한 상반된 사고, 즉 한편으로는 순수하게 꽃으로서의 아름다움으로 그 섹시함을 찬양하고 있는 것 같지만, 사실상 그 여성의 아름다움을 남성을 위해 존재하는 것으로서만 이해하게 하는 시각적 동영상 메커니즘들, 음란물들은 여성을 오직 남성의 성적 대상으로만 판단하기 일쑤이다. 솔직히 여성으로서 이러한 사실을 인식하는 것은 뼈아픈 일이다. 그러나 더 이상 속을 수는 없지 않을까? 그러므로 탈코르셋은 일상문화 속 이러한 남성중심적 여성성과 아름다움의 가면을 벗기며, 여성에 의한, 여성 자신을 위한, 여성의 기준들을 찾아가는 운동이다. 하찮고 사소해 보이는 외모 꾸밈에 대한 저항이 사실은 이렇게 기존에 주둔해 있는 외국군이나 용병을 몰아내고 자국군으로 대체하고자 하는 과정인 것이다.

아름다움이 그대를 속일지라도

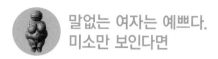

말없는 여자는 예쁘다.
미소만 보인다면

꽃은 사랑스럽다. 왜? 조용히 말없이 얌전하게 있으니까. 만일 꽃이 사납게 공격하거나 폭력적이라면 제 아무리 외양과 향기가 좋아도 사랑스러울 수 없다. 여성적인 아름다움이 사랑스럽고 가치 있는 이유도 이와 마찬가지 아닐까? 타자존재로서 여성이 아름다운 이유는 남자들의 말을 순진하게 다 믿어주고 이의를 제기하거나 토를 달며 귀찮게 하지 않기 때문이다. 뿐만 아니라 남성이 무슨 일을 저질러도 남성을 위해 남성의 주변을 환하게 밝혀주며 남성을 완성시켜주고, 그러면서도 언제나 말없이 상냥한 미소를 지어주기 때문이다. 그녀는 남성들에게 그야말로 아름다운 여신의 강림이다! 꿈의 여인이고 이상형이다. 물론 사회에서 정해준 이러한 여성성을 말없이 따르되, 이의를 제기하거나 저항하거나 반항하지 않아야 한다. 입을 다물어야 한다. 꽃이 그러하듯이. 실제로 《플레이보이》지 휴 헤프너는 자신의 플레이보이맨션에서 자기 자신은 난교파티와 셀 수 없는 성적 방종을 일삼으며 여성에게는 이렇게 요구했었다. 바람피우지 말것, 자신이 상처를 깊이 받으니!, 그리고 약간의 페미니즘은 좋으나 그 이상의 주장은 용납할 수 없다. 그건 남자들 세계를 침범하는 일이니까. 그래서인지, 그 옛날엔 이런 교육을 철저하게 내면화한 여성들이 서점가를 주름잡던 때도 있었다. 자발적으로 자신의 생각은 설익은 생각으로, 억울하게 오해를 받더라도 해명도 변명도 하지 않고 침묵을 선택하는, 침묵하는 연습을 하는 것이 삶의 방식이라고 노래했던 여성들이. 다음은 1986년 시다.

나는 침묵하는 연습으로
본래의 나로 돌아가고 싶다.
내 안에 설익은 생각을 담아두고
설익은 느낌도 붙잡아 두면서
때를 기다려 무르익히는 연습을 하고 싶다.
다 익은 생각이나 느낌 일지라도
더욱 지긋이 채워 두면서
향기로운 포도주로 발효되기를
기다릴 수 있기를 바란다.
침묵하는 연습

아름다움이 그대를 속일지라도

비록 내 안에 슬픔이건 기쁨이건

더러는 억울하게 오해받는 때에라도

해명도 변명조차도 하지 않고

무시해버리며 묵묵하고 싶어진다.

그럴 용기도 배짱도 지니고 살고 싶다.

– 유안진, '그리운 말 한마디', 1986 중에서

이 정도라면 가스라이팅 받고 재갈물린 침묵을 미화시킨 것 아닐까? 1980년대 유행을 끌었던, 특히 여성들에게 호소했다는 시(詩)다. 생각을 익게 하는 것은 좋으나, 오해받고 억울할 때조차 가만히 있으라고? 슬픔이건 기쁨이건? 이건 아무래도 마음의 수행이나 수련이라기보다는 사회에서 요구하는 여성다움의 미덕이자 아름다운 여성이 되느라 여성 자신의 모든 감정을 억압하는 한(恨)의 현대적 버전이나 승화 같다. 가부장적 남성 신화의 판타지에 맞게, 억울해도 슬퍼도 말없이 침묵하는 연습을 하는 노예와 같다. 꽃이 그러하듯이.

블루스타킹, 추하고
악한 여자들?

O H. 도미에의 〈블루스타킹〉

이 그림은 19세기 H. 도미에의 판화 〈블루스타킹Les Bas Bleus〉으로 여성들의 독서 모임을 풍자하고 있다. 그림 속에는 한 소녀가 여성들 앞에서 시를 낭송하고 있는데, 소녀를 비롯해 그림 속 여성들 모두 못생겼고 괴상한 옷을 입었다. 블루스타킹이란 18세기 중엽 영국에서 문인이나 문학에 관심 있는 귀족을 초청하여 대화를 나눈 여성 모임의 구성원을 말한다. 이들은 사교모임이 열리는 저녁시간을 카드놀이나 하면서 허비하지 않고 좀 더 지적인 활동으로 보내려고 했다. 그런데 이후 남성들이 이런 식의 여성들의 모임을 비아냥거리거나 풍자하면서, 오늘날 블루스타킹이란 용어는 문학이나 학문 등 지적인 것에 관심이 있는 척하는 여성을 가리키는 경멸적인 의미로 쓰인다. 이 그림은 블루스타킹 여성들이 스스로를 똑똑하다고 생각하거나 똑똑하려고 하는, 어처구니없는 과시욕이나 오만으로 똘똘 뭉쳤으나, 그녀들은 외적으로 모두 매력도 없고 추한 모습이라고 풍자하고 있다. 그들의 신체를 추하게 묘사함으로써 그들의 모임과 행동을 우스꽝스럽다고 비웃고 있는 것이다. 키에르케고어가 여성을 꽃으로 찬미하며 배제했던 이성과 지성에 여성이 접근하고 있는 것을 비웃고 비난하고 있는 것이다.

원래 블루스타킹이라는 용어는 구성원인 베시 부인이 모임에 초대한 식물학자 벤저민 스틸링플릿이 신었던 블루스타킹에서 온 이름이다. 근엄한 차림에 블루스타킹을 즐겨했던 그가 마땅한 옷이 없다고 초대에 거절하자, 평소대로 오라고 했는데, 스틸링플릿은 정말 그 차림으로 왔고, 그 뒤 블루스타킹은 이 모임의 별명이 되었다. 사실 이 그룹은 공식적인 모임이 아니었다. 단지 여성들이 모여 함께 문학 책을 읽거나 학자를 초대하는 모임이었는데, 여성들이 이렇게 지적활동을 하는 것을 못마땅해 하며 풍자하는 것이 유행했던 것이다. 가령 블루스타킹은 '학자연하는 여자들'과 같은 경멸적인 이름을 의미했고, 이런 의미의 풍자화들이 등장했다. 위의 H. 도미에의 판화 〈블루스타킹〉도 바로 그 블루스타킹 모임을 풍자한 그림 중 하나였다.

이렇게 역사적으로 여성들 스스로 모여 무언가 작은 거라도 할라치면, 그것도 책을 읽느니 뭐니 남자들이 주로 하는 것을 할라치면 그에 대한 풍자와 비웃음이 끊이지 않았다. 그리고 그에 대해 정확하게 '외모를 통해서' 공격했다. 스파르타 여성들은 외모에 신경을 쓰지 않았어도, 모성과 번식에 충실할 뿐 아니라 도통 말이 없는 순종적이었기에 '예쁘고 아름답다'는 평판을 들었던 것과 비교된다.

반면 남성들은 모성과 번식에 충실하지 않은 여성들, 특히 블루스타킹의 경우처럼 지적인 여자나 남성과 동등한 권리를 요구하는 여성들은 남성중심적인 가부장제도에 맞지 않는 여성들로 여기며 공격하고 경멸하며 비난하고 있다. 한마디로 가부장제에 순종적이지 않은 여성들에 대한 배제와 처벌이다. 그렇다면 단 하나다. 가부장제가 여성들에 대한 배제와 차별을 할 때 '못생기고' '악하고' '마녀'이고 악녀이고 추녀라고 이름붙이는 맥락은, 앞서 철학자가 분명히 말했듯이 여성이 지성을, 이성을 사용할 때, 그래서 주체적으로 반성하고 판단할 때이다. 블루스타킹 여성들처럼 딱히 페미니스트라고 할 수 없는 경우에도, 여성들은 가부장제 존립에 필수적인 여성의 무뇌아적 순종이자 착함, 즉 아름다움을 지니는 것이 자연의 법칙인데, 감히 그 룰을 어기고 남성들처럼 책을 읽고 생각을 키우고 토론하고 나

아름다움이 그대를 속일지라도

눈다? 안될 일이지. 아마도 그들은 그러한 지적 행위가 곧 기존의 가부장제를 혼란에 빠뜨리거나 전복할 수 있는 가능성을 지닌 것이라고 인식한 것일지 모른다. 그래서 가부장적 개념 하에서 유일한 여성 판단 기준인 외모를 통해 비난하고 있다. 여성을 비난할 때 가장 공격적인 용어로 '못생긴 여자' 혹은 '추녀' 혹은 '돼지'와 같은 용어를 퍼붓는 것이다.

그러므로 이 그림은 이러한 남성적 폭력과 테러의 징표다. 당시 가부장적 순종을 내면화한 여성이라면, 이런 비난에 화들짝 놀라거나 무서워서 오래 버티지 못하고 백기를 들었을지도 모른다. 지금도 어린 시절부터 못생겼다거나 아니 단지 "너 눈 수술하면 이쁘겠다" "너 코 수술하면 이쁘겠다"는 이야기만 듣고도 외모콤플렉스로 밖으로 나가지도 않고 사람들도 못 사귀고 다른 사람과 눈도 못 마주치는 10대 여성들이 있으니, 나름 가부장제의 아름다움 내면화 전략은 성공적이었던 것일 수 있다. 그래서 역사적으로 가부장적 남성들은 자신의 생각을 말하는 여성들과 자신의 이성이나 지성을 사용하는 여성들, 그리고 그녀들에게 부과한 가부장적 아름다움의 의무들을 행복으로 여기지 않고, 이에 대해 따지고 드는 여성들을 추하거나 못생긴 여성들로 주변화해 왔던 것이다. '못생긴 꼴페미'란 용어가 온라인에서 남발되고 있다면, 그것은 바로 이러한 맥락이다. 외모를 공격하는 듯하지만, 실제론 가부장제 승인 프로그램을 받아들이지 않는 여성들에 대한 돌려막기 전술이라고 할까? 불안과 열등감을 폭력적으로 공격하며 자신의 속내를 숨기려는 것이다.

'못생긴' 꼴페미의
외모정치학

온라인에서는 여성이 조금만 다른 주장만 해도, 쉽게 꼴페미란 용어로 공격을 가한다. 그래서 '못생긴 꼴페미'란 용어가 난무한다. 왜 '못생긴' 혹은 '돼지'를 굳이 붙이고 싶었을까? 블루스타킹에 대한 비난과 풍자를 보아도, 어쨌든 그건 아마도 페미니스트들을 공격할 최전방 무기, 나름 최첨단 무기라고 생각하는 것 같다.

그렇다면 '못생긴'이란 용어는 정확하게 다음과 같이 해석된다. '남자는 남자답게 여자는 여자답게' 입고 행동하는 것은 자연에 기반한다. 이에 따르면, 이 가부장적 법칙에 맞게 신체를 사용하는 것은 자동적으로 도덕적 자세의 지표로 간주된다. 모든 규정은 부정이다. 따라서 이러한 정통적인 신체 사용에서 벗어나 외모를 꾸미지 않거나

아름다움이 그대를 속일지라도

정말 가능한 있는 그대로 자연스러운 상태로 놔두는 것은 제멋대로 구는 잘못된 지표로 간주된다.[18] 그러므로 못생긴 꼴페미를 노래하는 사람들에게 아름다움의 규정이 청순색시라면, 이와 달리 남성들에게 고분고분하지 않고 순종적이지 않고 지적이거나 기존의 체제와 도덕윤리, 지식 가치에 대해 이의를 제기하거나 반문하는 여자들은 도대체가 아름다울 수가 없다. 그것은 용서할 수도 허용도 안 되는 일이기 때문이다. 탈코르셋은 그들의 시스템에 혼돈과 파괴를 통해 새로운 질서를 꾀하기 때문이다. 이럴 경우 가부장 남성들은 자신들의 기득권이 무너질 거라고 감지하고 있으므로 최고 수위의 핵미사일을 날리고 있는 것이다. 못생긴 꼴페미, 돼지, 정신병자, 자박꼼 등등…… 그런데 웬걸 페미니스트들이 (유도탄 방어) 요격 미사일을 열심히 날려 그들이 쏘아 올린 대륙 간 탄도 미사일들을 날아오는 족족 공중분해해 버리고 있다. 그랬더니 여자가 입에 담을 수 없는 미사일을 날렸다고 비난한다. 남성들이 날리고 있는 공격용 대량살상용 미사일이 아니라 기껏해야 방어 미사일Missile Defense일뿐인데 말이다.

이런 의미에서 여성의 '아름다움'은 전투의 최전선에 있는 접전지이다. 사실은 가장 정치적으로 사소할 것 같은, 정치와 가장 멀리 있는 것 같은 외양의 영역, 여성의 아름다움의 영역이야말로 가장 치열

---

18   P. 부르디외, 『구별짓기: 문화와 취향의 사회학 上』, 최종철 옮김, 새물결, 311쪽.

한 전투가 벌어지고 있는 접전지요 육탄전의 현장인 것이다. 직장의 꽃이라는 여성에게 부여한 그 아름다움의 감각은 사실은 남자들 자신을 위한 아름다움일 뿐이다. 외모꾸밈이나 화장과 같은 활동은 분명 인간의 자기인식과 긍정적인 뇌 활동이자 사회적 지성임에도 불구하고, 그것을 남성을 위한 여성의 성적 대상화로만 이용해 온 것이다. 그런데 이것은 어느 날 직장에서 시작되는 것이 아니라 바로 어린 시절부터 배우고 익힌 공격과 지배기술이다. 그래서 남자들은 아주 어릴 때부터 남성의 역할을 배우고 습득하며 여성을 외모로 공격해서 여성의 자아를 파괴시키는 법을 잘 안다. 엄격히 말하면 그렇게 공격하는 법을 배우며, 남성성을 갑옷 입듯 입고 장착하고 함께 연대한다. 교실에서, 거리에서, 뒷골목에서, 피씨방에서, 게임에서, 영화 속에서, 친구들 틈에서, 나아가 직장에서, 술자리에서, 법정에서 틈틈이 배우고 익힌다.

그러므로 탈코르셋은 여성적 아름다움=여성의 성적 대상화가 지금껏 보이지 않던 남성에 의한, 남성을 위한 남성들의 규정이었음을 가시화시킴으로써, 시끄럽게 떠들썩하게 불화(不和)를 일으킴으로써 '지배와 정복의 남성다움', '여성적 아름다움의 순종, 희생, 복종, 나약함, 조심조심' 등등의 유교적 이분법 성역할을 거부하고 불화(不和)를 일으키며, 청순섹시와 꼴페미의 외모정치학을 전복시키고자 한다. 무엇보다도 여성다움이나 아름다움은 불평등의 대우를 통칭하는, 불평등과 부정의를 대행하며 미화하는 용어임을 인식하게 되었으므로, 남성을 위한, 남성에 의한 아름다움과 여성다움을 폐기하

아름다움이 그대를 속일지라도

고자 한다. 그러므로 여성을 위한, 여성에 의한 여성의 아름다움을 위해 탈코르셋은 지금 전투 중—

4

남성의 시각sight훈련:
음란물과 몰카 속 아름다움 감각

감각(특히 시각)은 보편적인 것이거나 천성적인 것이 아니다. 시각을 비롯한 감각적 지각이나 인식은 물리적인 행위이기도 하지만, 문화적 행위로서 특정한 사회, 역사적 정황 하에서 형성되는 것이다 …… . 즉 시각은 눈 앞의 대상을 있는 그대로 보는 것이 아니라 특정 사회계급이나 남성적(여성적) 습관에 의해 습득되며, 그들의 결정적 특성을 반영한다.
　　　　　　　－마크 스미스『감각의 역사』에서

사례

1. 고릴라실험

고릴라실험이라고 알려져 있는, 인간의 주의력과 인지능력에 관한 매우 유명한 심리학 실험이 있다. 연구팀은 대학생들을 두 팀으로 나누어 이리저리 돌아다니며 서로에게 농구공을 패스하도록 했다. 한 팀은 흰 셔츠를 입고, 다른 팀은 검은 셔츠를 입고 있었다. 그리고 고릴라 복장의 한 사람이 공을 주고받는 학생들 사이를 가로질러 지나갔다. 이 과정이 고스란히 영상에 담겼는데 1분의 재생시간 중 고릴라가 출현하는 장면은 약 9초 정도였다.

연구팀은 이 영상을 많은 사람에게 보여주면서, 흰 셔츠를 입은 학생들이 공을 패스하는 횟수를 세도록 했다. 사람들의 주의를 한곳에 집중시키기 위해서였다. 이들은 영상을 본 사람에게 횟수를 물은 후

아름다움이 그대를 속일지라도

또 다른 질문을 했다.

"공을 던지는 학생들 사이를 가로지르는 고릴라를 보았나요?"

이 질문에 약 절반 정도의 사람들이 고릴라를 보지 못했다고 답했다. 공을 주고받는 횟수에 집중한 나머지 다른 정보들을 모두 놓쳐버린 것이다. 영상을 다시 돌려봤을 때 사람들은 무대 중앙에 멈춰 가슴까지 치는 고릴라의 모습을 보고 깜짝 놀랐다. 사람들은 고릴라만 못 본 것이 아니다. 많은 사람들이 공을 주고받던 검은 셔츠의 학생한 명이 빠져나간 사실도 인지하지 못했다. 또한 화면을 가득 채우고 있던 커튼의 색깔이 빨강에서 주황으로 바뀐 사실도 알아채지 못했다. 이렇게 특정한 부분에 주의를 집중하게 되면, 주변의 예상치 못한 변화를 알아채지 못하는 현상을 '부주의 맹시Inattentional Blindness'라고 한다. 이 실험은 선택적 주의집중Selective Attention을 통해 인간의 인지능력이 좌지우지되는 상황을 실험한 것이다. '부주의 맹시'란 이렇게 선택적으로 무엇인가에 집중해서 눈앞의 광경이나 사물을 보게 되면, 그 목표물 외엔 보이지도 알아차리지도 못하는 현상을 말한다. 그런데 우리 눈의 시각 시스템이 바로 이러한 생리학적, 정신물리학적, 인지심리학적 과정을 거친다. 따라서 우리 눈은 눈앞의 사물이나 광경을 있는 그대로 보는 것도 아니고, 있는 그대로 볼 수도 없다.

2. 만일 어느 날, 실명에서 갑자기 눈을 뜨는 행운을 갖게 되었다면?

미국에서 아주 어린 시절 시력을 잃고 지내다 40세가 되어 각막수술을 받고 시각을 회복한 남성이 있었다. 과연 이 남성은 보도블록의 턱을 안내해주는 지팡이나 도우미견 없이 예전처럼 아니면 예전보다 훨씬 잘 걸어 다닐 수 있을까? 예상과 달리 그는 보행자 보도를 걷다가 건널목에서 보도의 턱을 내려가 걷는 것조차 잘 하지 못했다. 분명 뻔히 두 눈을 뜨고 보고 있으면서도 지팡이 없이는 예전보다 더 사물을 구분하지 못하였다. 왜 이런 일이 생긴 것일까?

수없이 들어보았을 것이다. '백번 듣는 것보다 한 번 보는 것이 낫다'고. 시각은 우리의 지식을 형성하는 원천이라고 한다. 그럼 과연 우리는 태어나 시력이 가능해지자마자, 시각이 작동할까? 유아의 시

아름다움이 그대를 속일지라도

력이 회복되어 걷기 시작하는 1년 미만의 아이들은 처음 보는 층계를 보고 내려갈 수 있을까? 답은 No다. 평지만을 걷던 아이들은 층계도 평지 걷듯이 한다. 층계를 본다고 다리를 구부려 걸어야 한다는 사실을 아는 것이 아니다.

또 다른 예로 선천적인 실명의 경우 대개 조직의 문제 등으로 수술요법이 어려운 경우가 많다. 단순 각막 이상 같이 운이 좋으면 이식 수술로 해결되는 경우도 있겠지만, 시신경이나 망막, 뇌는 이식이 불가능하므로 해결불가능하기 때문이다. 설사 시력을 회복시켜 준다 해도 사람이 인식을 하지 못하는 문제가 생긴다. 즉 뇌의 시각피질은 눈에서 보내주는 복잡한 시각정보를 적절하게 인식할 수 있도록 처리하는 기능을 하는데, 선천적인 맹인은 이 기능이 제대로 발달하지 않아서 시각을 되찾은 후에도 눈앞에 보이는 광경을 '복잡한 색채의 소용돌이'로 밖에 파악하지 못한다. 아주 어린 시절에 무의식적인 훈련으로 얻게 되는 원근감이나 형태를 파악하는 감각, 인간의 얼굴을 인식하는 능력 등을 전혀 지니고 있지 않기 때문이다. 물론 지속적인 훈련을 거치면 나아질 수 있다. 유아와 마찬가지로 어린 시절 시력을 잃고 40세에 시각을 회복한 남성의 경우도 훈련을 거쳐 층계나 보도블록 턱을 인식하고 올라가고 내려가는 법을 터득하면 된다. 보자마자 아는 것이 아니라 보고 인식하고 배우면 된다.

4장에서는 시각이 보이는 대로 보는 것이 아니라 눈의 선택적인 주의집중을 반복함에 따라 남성, 여성이 서로 다른 시각적 감각을 형성하는 과정을 살펴볼 것이다.

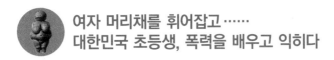

여자 머리채를 휘어잡고……
대한민국 초등생, 폭력을 배우고 익히다

"이슬비 내리는 이른 아침에
팬티 셋이 나란히 걸어갑니다.
빨간 팬티 파란 팬티 찢어진 팬티
좁다란 학교 길에 팬티 세 개가
엉덩이를 마주대고 걸어갑니다."

이 노래는 〈우산〉이란 동요를 초등남아들이 여아들을 향해서 장난처럼 개사해 부른 곡이다. 귀여운 꼬마들의 장난처럼 보인다.

"돼지야 잘 가"

아름다움이 그대를 속일지라도

2018년 어느 여름날, 초등 2학년 정도 된 어린 남자애가 아주 귀엽고 생글생글 웃으며 장난스럽게 여자애한테 이런 말을 던졌다. 이 말을 들은 여자애는 돼지라는 말에 화가 잔뜩 났는지 빨개진 얼굴로 책가방을 등에 매고 달려와 들고 있던 신발주머니로 남자아이를 치려했다. 그 남자 아이는 아주 쉽게 여자애 신발주머니를 피하다가 나와 눈이 딱 마주쳤다. 걷고 있던 내가 말했다.

"돼지란 말 다시 하지 마. 상처받는 거야 ~"
"네"

남자 아이는 여전히 생글생글이었다. 물론 그 여자애는 전혀, 너무나 전혀 뚱뚱하지도 돼지를 닮지도 , 혹은 못생기지도 않았다. 초등학생 시절 주변에서 혹은 자신이 직접 이와 유사한 경험을 당해본 적 있을 것이다. 사실 남자애들은 서로를 동물이나 재미있는 사물에 빗대 골리기도 하고 거친 별명으로 부르며 장난하고 논다. 아마도 그 남자아이는 또래 남자애들끼리 장난하던 것처럼 그랬을 것이다. 큰 악의 없이 그럴 수가 있다. 아니면 선생님들 설명처럼 그 여자애한테 호감을 가져서? 어쨌든 공교롭게도 남자애들은 하필이면 동물 중에서, 꼭 돼지란 말을 여자애들에게 잘 던진다. 물론 이 정도만 해도 양반이다. 누군가 자신의 초등학교 어린 시절을 이렇게 고백한다.

"초등학교 시절 내내 나는 항상 무서웠고 두려웠다. 누가 어디서

내게 돼지라고 할지 몰라서……남자애들이 유독 나를 '돼지'라 불렀기 때문이다."

그런데 그녀에게 더 끔찍했던 일이 일어났다. 학교에서 돌아오는 길에 같은 반 친구 오빠와 그 친구들과 마주 쳤는데, 그 중 하나가 그녀에게 말했다.

"와 되게 억울하게 생겼다"

그 말을 듣고 그녀는 운동장 구석으로 가서 울었다고 한다. 가슴이 너무 뛰고 자신이 뭔가 잘못된 것 같고 창피해서. 그 후로 그녀는 그 말을 지울 수가 없었다. 그리고 그 부정적인 말들은 이후 그녀를 끊임없이 괴롭혔고 그녀를 외모에 집착하게 했다. 강박적으로 자신의 얼굴을 확인하고 또 확인하며 자신을 부정하고 싶었다.

그런데 왜 아이는 운동장 구석으로 가서 울었을까? 아무리 오빠뻘이라지만, 왜 말한 남자 애 앞에서 책가방을 던지고 발길질도 해보고 소리치거나 울지 못했을까? 아무에게도 도움도 청할 수 없다면, 방금 전 여자애처럼 신발주머니로 치려 달려들고, 얼굴에 잔뜩 화난 표정이라도 왜 짓지 않았을까? 왜 욕설이라도 던지지 않았을까?

그 이유는 적어도 두 가지다. 우선 외모에 대해 이미 훨씬 어린 시절부터 여자는 예뻐야 한다, 예쁜 아이가 사랑받는다는 것을 곳곳에서 배운 덕분에 그에 관해 부모나 친척으로부터 아주 긍정적인 칭찬

아름다움이 그대를 속일지라도

을 받은 경우가 아니라면 대들기 어렵다. 또 다른 이유는 우리 사회에서 여자아이의 상황에 대한 대응은, 특히 몸과 외모에 대한 공격이나 비판 상황에 대한 여자아이의 대응은 얌전하게, 착하게, 여자애답게 라는 무력함을 기반으로 하는 태도를 가르치기 때문이다. 여자애들에게 자신을 보호할 수 있게끔, "밖에 나가서 지고 들어오면 가만 안두겠다"고 가르치지 않기 때문이다. 여자애는 고분고분 착해야 한다고 가르치기 때문에 그러한 인성과 감각으로는 자신을 비난하는 외모 품평에 대해서 항거하지 못하게 하는 것이다. 신발주머니로 달려들던 여자 애도 금방 울기라도 할 것 같은 표정이었다. 그렇다고 "너 가만 안 둬"와 같은 꿋꿋한 표정이 아니었고, 그 생글생글 남아를 신발주머니로 때릴 듯한 자세를 취했지만 결국 때리지 못했다.

또 다른 이야기를 해보자. 초등학교 4학년 한 남자아이가 같은 반 여자아이들 얼굴의 각을 재고 다녔다. 여자애들 얼굴이 미인이라는 계란형인지 아닌지 확인하려는 것이었다. 이것은 그저 어린 남자애들이라 뭘 모르고 장난하는 것일까? 그럼 중고등학교 가고 대학에 가고 회사에 가면 남자들이 성숙해서, 남아들과 달리 말하고 행동할까? 연이은 미투와 스쿨미투를 보면 절대 그렇지 않은 것 같다. 여자의 외모를 둘러싼 평가와 놀림과 폭력은 학년이 올라갈수록, 중고교 가면 갈수록, 성인이 될수록 더하면 더하지 덜하지 않다. 그렇다면 어린 남자애들의 이런 행동들을 단순히 애들 장난이나 놀이로 넘길 일은 아니지 않을까?

만일 이러한 사실을 교사가 알았더라면, 어떻게 했을까? 과연 잘못된 일이라거나 폭력적인 일이라고 제지했을까? 지금도 학교 교사들 중에서 여학생들에게 성추행 언어들을 남발하는 경우가 넘치는 것을 보면, 저런 일은 그저 남자애들의 짓궂은 장난인데 뭘 그러냐 정도로 넘어갈 가능성이 크다. 그 정도야 남자 애들이라면 으레 그럴 수 있는 일인데, 뭘 그렇게 예민하게 반응하느냐 혹은 과잉반응하지 말라고.

자를 들고 다니며 학급 여자애들의 얼굴형을 잰다고 정확할 리 만무지만, 문제는 그런 행위를 한다는 것 자체가 그 남아 자신도 의식하지 못하는 사이에 갖고 있는, 여성 외모에 대한 남성의 힘과 권력을 보여준다. 한두 가지 예를 들어 이야기를 너무 확대하는 것 아니냐고? 물론 그럴 수 있다. 이 정도의 예로 상황을 단정하면 안 될 것이다. 남아들이 크면서 어떤 모습을 보이는지 또 다른 사례를 보자. 초등학교 4학년 학급에서 담임 선생님이 계시지 않은 자율학습 시간에, 불현듯 한 남자애가 여자아이 머리채를 휘어잡고 외쳤다.

"돼지입니다. 개가 돼지의 머리를 잡았습니다!"

이것이 과연 아이들이 철없이 하는 행동일까? 과연 이것을 아이들이 짓궂지만 악의 없는 행동이라고 할 수 있을까? 분명 더 어린 남자애는 생글생글 웃으며 "돼지야 잘 가" 혹은 얼굴의 각을 재러 다니거나 이상하게 생겼다고 놀리는 정도였는데, 그 남아들 중에는 좀 더 크면서 어느새 남아는 말 뿐 아니라 행동으로 신체에 대한 폭력으로

아름다움이 그대를 속일지라도

까지 진화하고 있다. 피해자에게는 성인이 되는 훗날까지 너무나도 큰 모욕감과 능멸감을 주는 언어적 신체적 폭력인데……더구나 이 작은 행동들이 성인이 되면 나비효과처럼 걷잡을 수 없이 점점 커져서 더 강한 폭발력을 가진 폭력이 되어 강남역 살인사건을 만들고 그 외 무수한 여성혐오 살해 사건들로 확대되는 것은 아닐까?

시선을 장악하는 자는 권력을 갖는다. 자신의 시선이 원래 자연스러운 시선, 누구나 동의하는 시선이라는 확신을 가질 수 있는 것은 주변의 암묵적 동의에 의한 것이다. 그 암묵적 동의는 권력을 낳는다. 그러므로 아름다움을 규정하고, 시선을 장악하는 자는 권력을 갖는다. 아니 사실은 그 반대도 맞다. 권력은 아름다움을 규정한다. 또한 권력은 시선을 장악한다. 자신이 아름답다고 규정한 것이 기준이 되고, 모든 사람의 자연스러운 인간의 본능이라고 확신을 가질 수 있는 것은 혼자만의 뛰어난 미적 감각에 의해서 가능한 것이 아니다. 그것은 그 아름다움의 대상을 좌지우지 할 수 있는 힘과 권력을 가지고 있다고 믿을 때 가능하다. 권력은 아름다움뿐 아니라 본능도 규정하고 필요하면 다시 조작한다.

문제는 두 가지이다. 첫째, 누가 '왜', '어떤 자격으로', '어떤 기준으로' 예쁘고 안 예쁘고를 결정했고, 하고 있는가? 둘째, 못생기면, 예쁘지 않으면 이렇게 남아들은 짓궂은 장난과 폭력을 휘둘러도 되는 것인가?

우선 첫 번째 문제를 먼저 이야기해보면, 못생기고 예쁘지 않게 생겼다는 것은 대체 누구의 시선인가? 계란형 얼굴이 미인이라는 기준은 대체 누구의 시선인가? 또한 자를 가지고 다니면서 학급 여자애들의 얼굴 각도를 재고 다닌 남아는 어디에서 그런 자격 혹은 권력을 갖게 된 것일까? 아마도 '돼지'라고 호칭할 수 있었던 것은 그 여자애가 소위 예쁘지 않아서가 아니라 만만한 애, 그러니까 막말을 해도 대들거나 부모한테 일러 골치 아프게 하지 못할 아이라는 사실을 그 남자아이는 잘 알고 있었기 때문에 가능했을 것이다. 여자애는 기껏해야 운동장 한 구석에 가서 울거나 그 이후 성장하면서 트라우마처럼 마음속에 안고만 살았다고 했는데, 남자애는 자기 앞에서 여자애가 뭐라도 집어 던지며 싸울 기세가 못되는 아이라는 사실을 이미 알았을 것이다. 어떻게? 그야 남자애들은 많이 치고받고 싸워봤으니까, 누가 우위이고 누굴 깔봐도 되는지 잘 아니까. 느낌 아니까.

그 여자아이는 훗날 커서 당시 사진을 보니 자신이 결코 비만이 아니었다고 한다. 내가 길에서 마주친 여자애도 아주 평범할 뿐 못생기지도 뚱뚱하지도 않았다.

두 번째 문제로, 자신들이 규정한 아름다움이나 예쁨이 아니면 폭력적이어도 되는 것인가? 대체 이런 폭력과 권한은 누가 준 것일까? 이러한 행동들이 어린 아이들에게만 그친다면, 이렇게 물을 필요도 없다. 그런데 어른이 되면, 이것이 장자연 사건도 되고, 리벤지포르노도 되고, 수많은 불법촬영과 유포가 되고, 미투 현행범이 된다. 아예 꽃을 피운다. 그렇다면 아이들의 행동은 그것이 의식적이든 무의식적이든 성인 어른들의 세계를 모방한 행위들이라고 보는 것이 합리적이지 않을까?

아름다움이 그대를 속일지라도

사춘기 남아들, 여성에 대한 폭력과 페니스파시즘을 학습하다

벌써 오래 전부터 초등 4학년 정도면, 남자 아이들은 친구들과 함께 야동의 세계, 음란물포르노의 세계를 익히 접하고 있다. 남성 세계로의 진입이 이미 시작되어 음란물포르노 외에도 어디에선가 어른 남성들로부터 배우게 된다. 여자를 어떻게 생각하고 다루어야 하는가를. 중고등학교에 들어가면, 남학생들의 성적 몽정기를 인정해주는 분위기에서, 앞서의 여성 외모에 대한 품평은 성적인 욕망과 만나 여성에 대한 지배와 폭력 방법을 익힌다. 남학생들은 학급 여학생들을 상대로 폭탄과 여신을 가르고, 자칭 블랙리스트를 만들기도 한다. 장난삼아 하는 이런 놀이는 물론 어른들 세상을 모방한 것에 지나지 않는다. 한국사회가 갖는, 가부장적 미디어가 갖는 잣대와 언어구사가 이보다 더하면 더하지 덜하지 않기 때문이다. 학교와 교사들은 남자애들의 이러한 언어 행동의 폭력을 자연스러운 사춘기 행동이라고 두둔 혹은 묵인해 주는 경우가 많다. 스쿨미투로 볼 때 남교사들도 이보다 더하면 더하지 덜하지 않으니 사회적 지지가 튼튼하다고 볼 수 있다.

물론 그러한 말과 행동이 여아들에게, 여학생들에게 미치는 영향은 아랑곳 않는다. 아웃 오브 안중이다. 지금껏 세상이 원래 그런 시각으로만 이야기되어 왔고, 그래서 그게 남자의 본성이고 정당한 것이라 배울 뿐, 여자들이 실제 어떻게 느끼는지를 배운 적도 귀 기울이는 법을 배운 적도 없다. 여성도 국민이라는 발언 따위는 달나라에 나 가서 하라는 식이다. 글쎄 원래 자신들은 타고난 대로 하는 데, 뭐가 잘못된 것이라고 난리지? 아니 여성을 그 생물학적 외모대로 대우해 주는데 그게 뭐 잘못이냐고 생각한다.

사춘기의 육체적 성적 성숙이 이루어지면서, 우리 주변에서 남자들이 사춘기 학창시절을 되뇌며 즐거운 추억처럼 낄낄대며 하는 다음과 같은 이야기들을 들어봤을 것이다. 거울에서 카메라로 도구가 바뀌었을 뿐 지금도 계속되는 전설 아닌 전설 같은 스토리이다. 한 번쯤은 누구나 들어봤음직한 이야기일 것이다.

'대학 졸업 후, A는 서울 시내의 한 공립중학교에서 교편을 잡고 있었다. 어느 날, 교무실이 떠들썩했다. 한 남학생이 학생주임에게 혼나고 있었고 여선생들은 서로 눈짓을 주고받았다. 교실 맨 앞자리에 앉아 있던 창백한 안색의 몸집 작은 그 아이. 변성기도 오지 않은 어린 목소리로 몸이 아프다며 가끔 양호실에 가서 쉬던 아이였다. 그런데 바로 그 아이가 교무실에 잡혀 온 것이었다. 그 아이의 병은, 아니 죄(罪)는, 관음증이었다. 그러니까 그 아이가 여린 목소리로 몸이 아프다며 양호실 가서 쉰다고 했었는데, 사실인즉 그 아이는 양호실에 갔던 게 아니라, 여교사 화장실에 숨어들었다는 것이다. 여교사 화장실 나무 칸막이에서 구멍이 발견되었고, 그 틈새를 만들어 거울로 비추어 본 것이다. 여교사는 성(性)에 호기심이 많은 사춘기 남학생들의 은밀한 성추행 대상이었던 것이다. 카메라나 스마트폰이 없던 그 시절, 교실 안에서도 거울로 여교사가 지나갈 때 치마 밑으로 거울을 들이 밀어 학생들 사이에서는 공공연한 비밀로 치마 속을 들여다보곤 했다는 이야기는 수없이 들어 보았을 것이다. 사실 몰카는 이전부터 시작되었던 관행이었던 것이다. 당시에는 유포력이 없는 라이브 거울이었을 뿐.

사실 당시 A교사와 여교사들 사이에서는 그 아이 말고도 더 큰 문제가 있었다고 한다. 그 아이 말고 꼭 잡고 싶은 범인이 따로 있었던 것이다. 젊은 여교사들에게 끊임없이 걸려오는 전화 때문이었다. 얼굴 없는 변성기 소년에게 걸려오는 전화는 거의 테러 수준이었다. 짐승처럼 거친 숨소리로 시작해서 입에 담지 못할 상스러운 성행위 묘사와 욕설을 내뱉었다고 한다. 끔찍했다. 소년은 "잡아 볼 테면 잡아 봐!Catch me, If you can!" 식이었다. 거의 2년간, 소년은 큰소리쳤고 결국 소년을 잡지 못했다. 그녀는 교사로서 그런 전화를 받고 교단에 서면 이름도 얼굴도 모르는 '개'가 교실 안 수십 명의 사춘기 소년들

속에 숨어 있다는 느낌에 발가벗겨진 듯한 수치심과 자괴감을 느꼈다. 교단에서 그들을 내려다보는 교사면 뭐 하나. 여자는 아무리 지위가 높건 지적(知的)으로 우세하건 성적으로는 남자들의 밥이구나 하는 자괴감이 들었다고 한다. 심지어 어린 십대의 제자들한테까지도.'[19]

잡히지 않은 그놈, 목소리의 주인공은 지금 성인이 되었을 것이다. 자신의 이런 과거 무용담을 주변에서 낄낄대며 추억으로 이야기하고 자랑하고 그리고 그런 마인드로 오늘 21세기를 살아가고 있을 것이다. 그와 그 이야기를 들은 친구들은 지금도 좀 더 업그레이드된 실력과 행동거지로 주변에 그 실력을 발휘하고 있을 것이고, 서로 그것이 남성적인 문화라고 남성성이라고 여기고 있을 것이다, 남자들이 학창시절을 즐겁게 회상하며 나누는 추억거리가 실은 여성들이 온몸으로 겪었지만 입 밖에 내어 말하지 못했던 학창시절의 여성혐오다. 그리고 바로 그 소년이 훗날 일명 박카스 할머니를 상대로 성매매하며 몰카를 찍고 올리는 우리 사회 평범하고 모범적인, 자랑스러운 서초구청 공무원이 된다. 그 멋진 악의 평범성으로! 아니면 그 사진을 인증사진이라며 피해자 할머니의 나체 사진과 얼굴, 성기를 모자이크도 하지 않고 그대로 올리고 거기에 합세하며 조롱과 성희롱을 일삼는 자랑스러운 명문대 일베 회원이 되는 것이다.

19 권지애, "인문의 향연", 《조선일보》, 2018.07.10.

여성혐오는 여성비하로부터 시작된다. 여성비하 중에서도 특히 여성을 남성의 성적 욕망의 대상으로만 인식할 때 그 극단적인 형태들이 나타나는데, 여성은 A교사가 느꼈듯이 남자들의 밥, 먹잇감이다. 그리고 그 행위들에 가담하진 않았지만, 거울이나 카메라가 움직이는 것을 지켜보았던 남학생들은 수많은 동영상 사이트들과 함께 여성을 대하는 남성의 태도와 시선을 암묵적으로 묵인하거나 동의하며 배우고 익히고 때로 연습한다. 소위 익숙해지고 자연스러워지는 것이다. 지금도 심지어 예쁘장한 미혼 여선생 수업시간에 중학생들이 때로 집단자위까지 하며 성희롱 한다. 어디 맛 좀 봐라 이거다. 페니스파시즘, 페니스 우월주의의 인증이자 과시다.

오래전 필자의 지인도 이런 목소리에 시달린 적이 있다. 핸드폰도 발신번호도 없던 시절, 밤이면 걸려오는 전화 수화기 속 신음소리에 친구는 온몸에 소름이 끼치고 귀신에라도 씌는 것 같았다고 한다. 주변 남자들에게 조언을 구했더니 역시 여자들로서는 생각지 못한 묘안이 나왔다. 쌍욕을 따발총으로 하며 깨지는 목소리로 대꾸하라는 것이었다. 그게 가능할까 했는데 과연 약효가 있었다고 한다. 온몸에 두드러기가 날 것 같은 그 숨소리에 대고 "야 이 18아, 너 당장 일루 와 쉑꺄. %#$@&*%……"

역시 나쁜 방식에는 나쁜 방식이 답이었다고 통쾌해 했다. 거기에 놀라거나 애원하는 방식은 더 큰 폭력을 자초하는 일이다.

소년들, SNS와 채팅앱을 통해
음란물과 함께 자라나며

이렇게 중고교 생활을 하는 대한민국 소년들이 사춘기가 되면서 더욱 더 가까워지는 것이 동영상, 음란물이다. 전문가들에 의하면, 남자아이들의 자위는 보통 음란물과 연결되는 경우가 대부분이라고 한다. 음란물 동영상을 보고 욕구가 생기는 것이 먼저라는 것이다, 요즘엔 초등 4, 5학년에도 시작을 한다. 음란물 동영상의 시각적인 자극에 의해서 쾌감과 쾌락을 느끼며 자위하고, 그럼 좀 더 자극적인 음란물을 찾게 되고, 다시 또 자위를 하게 되는 악순환이다. 소년들은 음란물을 보면서 따라하는 것만이 아니라, 심지어는 혼자가 아닌 여러 명이 함께 모여서 자위 대회를 연다. 누가 먼저 사정을 하는지 시합을 하면서 자위를 무슨 게임처럼 하며 노는 것이다. 서로 예전에는 얼마 만에 끝냈는데, 지금은 안 끝내진다는 등……

맷 데이먼과 벤 애플렉이 등장하는 영화 〈굿 윌 헌팅〉에 흥미로운 장면이 나온다. 어느 날 이들은 다른 절친 두 명과 함께 벤 애플렉의 집 1층 거실에서 이야기를 하다가, 도중에 한 명이 위층에 올라가 있자, 벤 애플렉이 1층에서 외친다. "엄마 방에서는 안돼!" 그랬더니 "비디오가 있는 집이 너희 집밖에 없어"라는 대답이 2층에서 들린다. 이게 무슨 말인지 도통 이해를 못했고 별 관심도 없었는데, 잠시 후 2층에서 답하던 친구가 세 친구가 앉아 있는 1층으로 내려왔다. 벤 애플렉이 묻는다.

"너 뭐했어? 엄마 침대에서는 안 된다고 했잖아."
"비디오가 있는 집이 너희 집밖에 없고, 비디오가 너희 엄마 방에
있어서 어쩔 수가 없었어."
"너 그 야구글러브로 했어?" 친구는 야구 글러브를 한 손에 끼고
내려와 앉아 있었다.
"이걸로는 닦기만 했어."

알고 보니 이들 네 친구는 보스톤 남부 가난한 지역에 살고 있는데, 벤 애플렉의 집에 비디오가 있어 그 중 한 친구가 비디오를 보며 자위를 하는 장면을 둘러싸고 나누는 대화 내용이었다. 남자들이 비디오나 동영상을 보고 자위를 하는 문화, 그걸 친구끼리 별일 아닌 듯 나누는 문화는 대한민국만은 아닌 것 같다. 이렇게 비디오나 동영

상 속 여성 몸을 보면서 자위를 하는 것은 아주 일상적이고 평범한 일인 것 같다. 그런데 그게 동영상만은 아닌가 보다.

2018년 여성 보디빌더대회 우승자들의 수상에 관해 기사가 이미지와 함께 인터넷에 게재되었다. 여성 보디빌더들이 각자 자신들만의 자신 있는 포즈를 취하는 사진이미지가 떴다. 문득 댓글을 보니, 이것 보소……이런 댓글이 있었다.

"저는 도대체 이들 보디빌더 여성들에게는, 저런 근육 몸에 대해서는 흥분이 안 되는데, 저만 이상한 겁니까? …… 만일 그렇다면 오늘 밤에는 그럼 이걸로 하겠습니다."

남초사이트나 단톡방도 아닌 뉴스 글 아래 댓글에서 여성에 대한 성적 대상화를 공공연하게 아무렇지 않게, 그럼 오늘은 이 여성보디빌더 사진 속 여성들의 비키니 차림 몸을 대상으로 자위를 하겠다는 이야기를 하고 있었다. 수상자들 사진을 보고 쓴 공개적인 댓글에 아무런 거리낌 없이, 자기 집 앞마당처럼 편안하게 이야기를 하면서 남자들 사이의 보이지 않는 여성인식을 드러내고 있었다. 여성 이미지만 뜨면 자위든 뭐든 여성을 성적 대상으로 보고 행동하는 것이 숨쉬는 것만큼 자연스럽다.

몇 년 전 문학의 영향력이 줄어 든 상황에 대한 문학비평가의 인터뷰 기사가 난 적이 있다. 시와 소설 등 문학이 이전 시대보다 줄어들게 된 이유를 묻는 질문에 유종호 교수는 이런 분석을 내놓았다. 시각적 매체가 발달하지 않았던 시대에는 문학을 통해 이성에 대한 감정과 욕망, 성적 욕망을 승화(?)하며 서술했고 그것을 소비했는데, 이제는 직접적인 성행위 장면들이 시각적으로 제시되므로 문학에 대한 수요가 줄어들게 된 것 같다는 평가였다. 읽는 매체에서 직접적인 시각매체로 남성들의 여성 몸에 대한 성적 대상화와 소비 형태가 변화한 것이란 이야기였다. 그렇다면 물론 모든 문학이 다 그런 것은 아니겠지만, 페미니즘 문학이 아닌 경우 대부분 이전의 소설이나 시에서도 언제나 성적 대상은 여성이고 그것을 묘사하고 즐기는 주체는 남성이었음을 당연하게 전제하고 있는 셈이다. 그런 전제하에서 남성이 여성을 다루는 법, 지배하는 법, 여성을 성적 대상으로만 사고하는 남성중심적 관점은 아예 의식되지도 못한 채 걸작이 되고 수작이 되었을 것이다.

구성애 씨의 푸른 아우성에 의하면, SNS와 채팅 앱을 통해 청소년들의 음란물 유포나 아동음란물 소지, 신체사진 사고팔기가 무분별하게 이루어지고 있다. 소위 말하는 음란물 제작과 유포를 따라하는 청소년들의 숫자가 점점 많아지고 있다. 이들 대부분은 이런 행위가 법적으로 문제가 되는 행동이라는 사실을 인식하지 못하고, 단지 팔로잉 수를 올려서 다른 사람들에게 과시하고 싶어서, 그리고 사람들의 반응이나 좋아요가 많아지는 것을 즐기는 경우가 많다고 한다. 그리하여 서울지방경찰청이 발표한 조사를 보면, 아동 음란물 유포와 소지로 적발된 사람들 중에서 성인이 49%, 청소년이 51%를 차지한다는 결과가 나왔다. 이러한 음란물 유포 및 소지, 공유 연령층이 낮아지고 있는 것과 함께 제기되는 문제는 이들 사춘기 소년들이 직접 제작 유포하는 음란물은 또래의 청소년을 음란물 주인공으로 삼는다는 점이다.

잘 알다시피 음란물의 내용도 변화하고 진화하고 있어서, 배우가 나와서 연출된 상황을 보여주는 내용에서 최근에는 일반인들이 올린 사진이나 동영상, 몰카물 등의 실제 영상물이 점점 늘어나고 있다. 그리고 특정 음란물 사이트나 웹하드가 아니더라도 유튜브 사진 공유 앱을 통해 청소년들도 이러한 성적콘텐츠에 쉽게 접근할 수 있다. 특히 SNS는 기존의 인터넷 환경과 콘텐츠 양이 매우 다르다. SNS는 한번에 재생되는 영상의 개수에 제한이 없으며, 청소년이 SNS에 가입할 때 따로 성인인증 절차도 필요 없고, 자체 심의도 없다. 팔로워들에게 공유된 성적 영상이 어떤 수위이고 어떤 양으로 접하게 되는지 예측도 불가능하다. 특히 페이스북은 타임라인에 업로드되고 #해시태그 하는 내용을 페이스북 관리자가 모두 제재할 수 없기 때문에 음란물 유포를 사실상 막기 어렵다. 이렇게 쉽게 접할 수 있는 음란물은 또한 쉽게 저장매체(USB, 휴대폰, PC)에 저장된다. 이런 사진을 온라인에 올리는 행위만을 음란물 유포라고 생각할 수 있겠지만, 사실은 친구들에게 복사해 주거나, 채팅앱을 통해 전달하는 행위도 유포로 볼 수 있다. 심지어 아동, 청소년 관련 음란물은 그 소지만으로도 처벌받을 수 있는 행위이다.[20]

---

[20] 구성애, 푸른 아우성, 성교육 강의: SNS와 채팅앱, 위기의 아이들 1. 우리 아이도 음란물 소지?

아름다움이 그대를 속일지라도

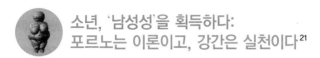

소년, '남성성'을 획득하다:
포르노는 이론이고, 강간은 실천이다[21]

대한민국 남성들은 두 번 태어난다. 처음엔 엄마(여성)로부터, 그리고 두 번째는 남성으로부터 태어난다. 남자들로부터 태어난다는 것은 어린 소년들을 1차적인 애착관계였던 엄마와의 연대로부터 끌어내어, 지배와 권력에 익숙한 남성성을 훈련시키고 교육시키는 것을 말한다. 남자들로부터 남자로 태어나 비로소 남자가 되는 것을 말한다. 원래 사춘기Puberty rites의 유래가 바로 소년들에게 성년식을 행

---

21 페미니즘 작가 로빈 모건의 표현이다. 스티븐 와츠, 고정아 옮김, 『미스터 플레이보이』, 나무이야기, 2011, 417쪽.

하는 것을 의미했다. 대한민국에서 남성, 남자들로부터 태어난다는 것은 포르노음란물과 함께 비로소 남자로 태어나는 것을 말한다.

성년식에서는 남자아이가 어느 정도 크면, 가부장 사회는 엄마로 부터 떼어내서 소년을 가르친다. 성인 남자들은 소년을 잔인하게 대하며, 사회로부터 격리시키거나 오래 지속되는 굴종과 신체적 훼손을 견디게끔 교육시킨다. 소년들은 여성을 지배하는 법, 여성을 다루는 법을 배우고, 자신과 다른 사람을 통제하기 위해서 가져야 하는 남성성이라는 기존의 외적 기준에 따라 행동하면서 감정에 따라 행동하지 않도록 배운다. 그럼으로써 여성을 지배하고, 자신의 삶을 지배하는 법을 배워 살아가야 하므로 연장자 남성들의 기존 코드에 맞게 살게끔 영역화되는 것을 배우는 것이다. 성년식에서 소년들이 겪는 고통, 굴종적 모욕감, 공포감, 절대적 복종⋯⋯ 그러나 그것들의 대가는 달콤하다. 그것은 바로 남성다움을 획득하는 것이므로, 그래서 다른 남성들과 같은 대열에 서게 되고 그럼으로써 지배의 기쁨을 맛볼 수 있기 때문이다. 결국 성년식의 핵심은 여성을 지배하고, 여성을 지배하기 위해 여성을 다루는 방법을 배우고 익히는 것이다. 그것이 곧 남성다움과 동일시되는 것이다.

난데없이 왜 성년식 이야기냐고? 오늘날 한국사회에서 성년식이 여전히 진행되고 건재하고 있음을 이야기하고 싶어서다. 고통의 성년식이 아니라, 음란물을 통해 여성을 지배하는 법, 즉 페니스파시즘 왕국의 법도를 익히며 남성성을 획득한다. 초등생들의 '엄마몰카' 유행으로부터 시작해서 누나몰카, 여동생몰카, 사촌누나몰카, 남초사

아름다움이 그대를 속일지라도

이트의 미성년 사촌여아몰카 인증샷 등등 SNS 앱을 통한 다양한 음란물포르노 공유, 그 외 웹툰, 웹소설 등등이 이러한 역할을 충분히 해주고 있다. 영화의 내용도 딸이나 누이에 대한 성적 욕망을 그린 박찬욱 감독의 〈친절한 금자씨〉, 〈올드보이〉, 70대 할아버지의 여고생에 대한 성적 욕망을 다룬 〈은교〉, 친구의 엄마에 대한 성적 욕망을 그린 웹소설 「내 친구 엄마는 내꺼」 등등 유명 작가, 영화감독부터 시작해서 사회 전 방위에서 여성들을 성적 대상화하는 남성들의 성적 욕망담론과 무용담들을 통해 남성성을 배운다. 뿐만 아니라 이 과정을 통해 남아들은 남성의 성적 욕망은 아주 자연스럽고, 아예 자연스러움을 떠나 신성한 자연현상으로 자제할 수도 억제할 수도 없고, 억제되어서는 안 되는 것처럼 배운다. 어릴 때부터 음란물들의 천국에 살면서, 이러한 음란물포르노 웹툰, 웹소설, 영화, 광고 등등을 통한 다양한 매체에서 부추겨지고 만들어져서 남성의 성욕은 마땅히 풀어야 하고, 여성을 지배대상으로서 성애화하는 사고가 남성성의 핵심임을 몸으로 머리로 배우고 익힌다. 그리하여 소년들은 남자로 태어나게 된다. 포르노음란물을 통해 남성성을 확립하는 것이다. 그것은 교과서이자 바이블이다. 그리하여 그 속에서처럼 여성은 성적 대상으로, 남성은 그 성적 대상을 보고 누리는 주체적인 존재로 보는 남성중심적으로 편향된 생물학을 터득한다.

따라서 남중 남고에서 여교사를 수업 중 거울로, 핸드폰으로. 카메라로 치마 속을 보고 찍는 행위쯤이야 일도 아니다. 이런 일을 겪는 여교사들이 느끼는 자괴감과 달리 그 남학생들은 예전부터 우스개처럼, 영웅적 행위를 한 것처럼, 단순한 우스개 추억일 뿐이다. 그런데 사실 그런 몰카 행위 속에서는 음란물포르노를 통한 여성에 대한 남성적 지위의 우월감, 여성에 대한 성적 대상화, 여성을 다루는 방법, 지배하는 방법 등의 심리적 메커니즘이 숨어 있다. 특히 문제는 남성들이 이렇게 불법영상문화를 일상적으로 자주 접하게 되면 그 영상물이나 몰카물에서의 고유한 지각규범이 자연스럽게 습득되어, 암묵적으로 이러한 특정한 성향과 능력을 활용하는 지각방식이 유일하게 정통적인 지각방식으로 여겨지게 된다는 사실이다. 즉 왜 초등학생도 의사도 판사도 심지어 경찰도 몰카를 찍는가 하면, 자신들이 늘 보고 익힌 음란 혹은 몰카 영상물에서의 여성에 대한 감각을 현실에서도 가능한 유일하고 합법적인 지각방식으로 착각하기 때문이다. 그러나 부르디외(P. Bourdieu)에 의하면, 특정한 지각방식, 즉 몰카나 야동의 특정한 지각방식을 표준 혹은 정상으로 생각하고, 이를 통해 남성성/여성성을 승인하는 토대를 만드는 것은 위험한 환상이다.

몰카는 남성이 여성을 다루는, 아니 여성을 다루고 싶은 남성들만의 지배욕과 허세욕이라는 점에서 음란물의 제작유포와 같은 마인드이다. 여성을 성적 대상이라는 특정한 방식으로만 규정해 놓고, 즉 여성의 아름다움이나 여성성을 자신들이 원하는 방식으로 규정해 놓고, 거기에 맞게 여성 신체의 특정부위나 행동을 몰래 촬영함으로써 그 신체부위나 행동에 대한 소유권을 갖기라도 한 듯, 자신이 승리자라도 된 듯 혹은 전리품이라도 취한 듯 자폐적인 승리감에 도취

아름다움이 그대를 속일지라도

하는 것이다. 어릴 때부터 보았던 음란물에서처럼 여성의 몸의 지배자가 되어 승리감을 만끽하고자 하는 상상적 강간행위를 남성성으로 확인하고 연대감을 느끼는 것이다.

시선은 훈련이다: 남성적 시선의 대상으로서의 여성(아름다움)

 이렇게 음란물 세례를 듬뿍 받고 자란 남성들의 시선을 여성에게 던질 때, 그것은 여성의 몸이 지닌 의미에 중요한 메시지를 보낸다. 그 것은 바로 꽃으로서의 여성의 몸, 여성의 외모스타일이 그들을 위한 꽃, 타자로서 남성을 위한 성적 존재라는 메시지이다. 물론 이러한 시 선을 많은 남성학자나 심리학에서는 남성 신체의 자연스러운 반응, 생물학적인 반응으로 해석하고 합리화하는 경우가 많다. 그러나 곧 보겠지만 인간의 눈과 시각은 있는 그대로 눈앞의 보이는 장면 모든 것을 볼 수 있는 것이 아니다. 그런 정보를 다 받아들이다가는 정보 량이 너무 많아 눈 시스템에 지장을 초래한다. 그래서 그 중 자신이 평소 대상에 중요하다고 생각하는 것들만을 선택해서 바라본다. 우

아름다움이 그대를 속일지라도

리의 눈 시스템이 지닌 생리학적, 인지심리학적인 작동 과정이 그렇다. 어린 시절부터 여성을 성적 존재, 여성 몸의 특정 부위들만을 선택적으로 보는 남자들의 시선은 특히 일찍부터 접하는 야동을 통해 훈련되고 학습되어 마치 자연스러운 시선의 처리처럼 습관화된 것뿐이다. 여성을 남성과 동등한 인간주체가 아니라 그렇게 성적 존재로만 보는 시선과 시각적 감각은 절대 자연스러운, 유일한 감각이나 반응이 아니라는 점이다.

미국의 성범죄 연구에 따르면 음란물을 자주 보는 사람들이 일반적인 사람보다 성범죄를 일으킬 수 있는 확률이 높다고 한다. 그래서 일부 주에서는 성범죄자들에게 포르노 사이트를 보지 못하게 하는 법안도 존재한다. 여성을 오로지 성적 존재로 보고, 여성의 특정 신체 부위들을 성애화하며 몰카를 찍고 올리고 공유하고, 댓글로 놀리기를 하는 문화는 단순히 놀이에만 멈추지 않는다. 보다 중요한 점은 음란물과 몰카에 익숙한 문화는 남성이 시선 주체로서 세상의 중심이라는 잘못된 관점을 익숙하게 한다는 점이다. 그것은 여성을 지배하고 모욕을 주는 방식들을 유일하고 바람직한 남성성으로 공유하고 교육하고 훈련하는 학습장이 되기 때문이다. 남자들은 이미 어린 시절부터 음란물과 몰카를 보고 함께 공유하는 데 익숙하고, 일상적인 광고나 매체들도 남성이 주체가 되고 여성이 성적 대상화되는 시선을 취하고, 남교사들을 포함해 성인 남성들의 사고방식도 이러한 생각을 부추기고 있다. 그래서 여성을 성적 존재로만 보는 시선이 남성이라면 자연스러운 중립적인 눈의 활동이라고 착각하는 것이다.

원래 남자는 다 그래, 혹은 "남자는 시각적 존재야" "시각적으로 흥분되는 데 어쩌라구 그건 자연의 본성인데"라는 인식이다. 이러한 시각문화가 미국성범죄 연구처럼 남성의 여성에 대한 폭력, 성폭력 범죄의 기반이 되는 것은 너무나 자연스러운 귀결이다.

그러나 이러한 자연적인 듯 보이는 시각, 눈의 시각은 학습된 눈의 훈련 결과이다. 사실상 이 사회의 주인이자 욕망의 주체로서 여성을 대상화하는 성차별적이고 폭력적인, 남성중심적인 눈의 훈련과 선택이다. 음란물과 몰카 시선 뿐 아니라 일상적인 광고매체나 미디어에서 익숙한 시선이 '남성화된 시선'으로서, 여성을 동등한 인격체가 아닌 성적 대상으로서만, 그것도 남성들의 욕망으로만 본 여성의 성적 기관에 시선을 제한시킨 훈련된 시선이다.

"공부 잘하면 아내의 얼굴이 바뀐다."
"10분 더 공부하면 아내 얼굴이 바뀐다."

남학생 교실에 걸리곤 했던 교훈이다. 교사들뿐 아니라 엄마들도 아들들에게 했던 말이다. 그래서 그 말을 떠올리며 대한민국의 한 남학생은 생각한다.

'공부하면 미래의 아내 얼굴이 달라진다.'
저 말이 진짜 개념이다
저 말 때문에 열나게 공부했다가

　　　　　　아름다움이 그대를 속일지라도

롤 게임 때문에 잠시 접었는데……

오늘 저 말 제대로 듣고 진짜 꼭 해야겠네

공부 안하고 롤하면 우리학교 오크들 얼굴 되고

공부 열심히 해서 좋은 회사 들어가면

저 글처럼 되려나……

덕심이 줄었다

덕심도 잡고 공부도 잡고 둘 다 잡아야징^^ [22]

아마도 이 남학생은 여성 아이돌의 덕후였던 듯하다. 그래서 여성 아이돌의 얼굴을 놓고 덕심을 논하며, 덕심이 줄어든 자신을 책망하며, 미래 아내의 아름다운 외모를 생각하며 마음을 다진다. 물론 좀 더 크면, 열심히 공부하면 미래 아내의 얼굴이 바뀐다는 말을 의심하게 되지만, 고등학교 선생님 중에는 그리고 엄마들 중에도 아들에게 이런 이야기들을 하곤 한다. 여성의 존재를 노력의 보상, 트로피 정도로 보는 마인드를 심어주는 것이다.

---

[22]   http://blog.naver.com/PostView.nhn?blogId=rnlvpd123&logNo=50141938922.

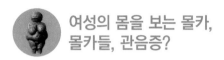

여성의 몸을 보는 몰카, 몰카들, 관음증?

2018년 6월 11일부터 4주간 정부가 지하철에서 남의 몸을 몰래 촬영하는 디지털 성범죄를 집중 단속해 적발했다. 이번 적발의 특징은 경찰에서 단독으로 한 것이 아니고 여성가족부가 주가 돼서 경찰의 협조를 받아서 했다. 그런데 예상했듯이 청소년들이 여기에 당연히 포함되었다. 적발된 범인들 중에 13살에 불과한 6학년 초등학생도 있었던 것이다. 소년은 서울 지하철역에서 여성의 몸을 몰래 찍다가 적발되었고, 17살 고등학생 역시 지하철역에서 여성의 몸을 환승계단에서 찍다가 적발되었다. 그 중에는 의사도 있었고, 모 정치인의 아들이자 현직 판사도 지하철역에서 몰래카메라를 촬영하다가 검거되었다. 그 중에는 원어민 영어 강사도 있고, 취업준비생, 대학생, 일반 일

아름다움이 그대를 속일지라도

용직 노동자 등등이 있어 몰카라는 불법촬영 행위를 상당히 다양한 연령 계층, 다양한 직업군의 남성들이 하고 있음을 알 수 있다. 따라서 몰래카메라 범죄라고 하는 것은 특정 계층에, 특정 연령에 국한되어 있는 것이 아니고 상당히 다양화되어 있는 것이다.

YTN과의 인터뷰에서 건국대 경찰학과 이웅혁 교수는 이러한 몰카가 여성의 입장에서는 일상생활에 상당 부분 제약과 압박을 느끼고, 혜화역에서의 집회시위도 여성의 일상생활에서의 불안을 호소한다고 해석한다. 그러면서도 남성들의 몰카행위를 관음증의 일종으로 보고 있다. 즉 지금 발달된 여러 가지 매체, 휴대폰뿐만이 아니고 초소형 고성능 카메라 등과 관련된 훔쳐보기 심리를 일반적으로 관음증이라고 하는데 이것이 현재 도를 넘어섰다는 것이다. 그러니까 이웅혁 교수는 남성들이 일반적으로 느끼는 스트레스를 왜곡된 방법으로 해소하려고 하는 목적, 즉 지금 내가 갖고 있는 스트레스 또는 왜곡된 성적 의식, 소외감을 해소하는 방편으로 몰래카메라 범죄를 저질렀다라고 주장하는 것이다. 과연 그게 스트레스에 의한 단순한 관음증일까?

잠깐만 프로이트, 그건 관음증이 아냐!: 보되, 보이지 않는 시선, 연쇄관음마충

과연 여교사에 대한 중학교 소년의 화장실 거울 사건이나 초중고 학생들의 지하철 몰카 사건을 단순히 관음증이나 도를 넘은 관음증 이라고 설명해 버릴 수 있을까? 그런 행위들을 관음증이라고 이름 하게 되면, 사실상 불법촬영인 몰카가 단지 약간의 문제는 있지만 정 상적인 성적 호기심으로 합리화된다. 피해자들은 거의 대부분 여성 이고 가해자는 남성인데, 이것을 남성들이 스트레스가 쌓여 왜곡된 방법으로 해소하는 관음증이라고 명명하는 것은 남성들의 여성에 대한 성폭력과 페니스파시즘이 가시화되지 않는다. 그럼 여성의 남성 에 대한 몰카가 거의 없는 것은 어떻게 설명할 것인가? 여자들은 성 적 호기심이 없고, 스트레스도 없어서 여성 관음증은 없다는 이야기

아름다움이 그대를 속일지라도

인가? 여교사는 성(性)에 호기심이 많은 사춘기 남학생들의 은밀한 성추행 대상이었다고 했는데, 그게 성에 호기심이 많은 사춘기 소년들이라서 거울이나 카메라로 몰래 찍는 것인가? 사춘기 여학생들은 성에 대한 호기심이 전혀 없어서 여학생들의 남성 몸 몰카는 없다는 얘기인가? **진실은 소년과 남성, 그리고 소녀와 여성의 성적 호기심과 그것을 표출하는 방식의 사회화가 성차별적으로 다른 과정을 거치기 때문이다.** 그리고 이런 불균등한 가부장적 성의식과 성차별의 사회화 환경에서 몰카물 제작유포 행위는 분명 여성에 대한 성폭력 범죄이므로, 남성들의 이러한 여성 몸에 대한 시선을 단순히 관음증이라 명명해선 안 된다. 음란물의 홍수 속에서 자라나는 것이 마치 청소년 사춘기의 청소년들의 자연스러운 과정인양 인식되기 때문이다.

프로이트에 의하면, 관음증은 타인의 성적인 부분을 몰래 지켜보면서 즐기는 것으로, 집착과 도착을 지니고 있는 비정상충동이다. 그런데 몰카의 피해자가 거의 항상 여자고, 그 주체는 어린아이 어른할 것 없는 남성이라고 한다면, 이것은 분명히 여성에 대한 남성의 성폭력범죄에 해당되는 것이다. 2018년 서울대 남자화장실에 몰카가 설치되었다는 인터넷 단 한 줄에 서울대가 발칵 뒤집혀 바로 수색을 했다. 여성들은 몰카가 그렇게 놀랄 일이었는지 의문이어서 놀랐다. 전국 방방곳곳 여성의 주변 모든 곳에는 늘 몰카가 있어 공중화장실들를 때면 신경이 곤두섰었는데, 남성에 대한 몰카는 완전 총알처럼 빠른 수사가 이루어지며 무슨 큰일인양 발 빠른 대처에 놀랐던 것이다. 여자들의 몸보다 남자들의 몸이 더 소중한 것일까? 남자 몸은 인간 표준이고 여자 몸은 그 표준에 도달하지 못했다고 보기라도 하는 것인가? 비록 불법촬영물 처벌법이 강화되었다고 하나 여전히 남성들의 단톡방은 다양한 불법촬영물들로 넘쳐나는 것이 현실이다. 만일 여자들도 사춘기시절부터 남성을 성적 대상화하는 음란물에 길들여지고, 남성 몸을 보고 남성에 대한 성적 욕망이나 성적 호기심이 넘치고, 스트레스가 쌓여 그것을 소위 관음증으로 푸는 일들이 실제로, 자주, 매일매일 일어난다면, 과연 어떤 일이 벌어질까?

우리는 감각적 시각을 물리적 행위, 자연스러운 감각으로 생각하는 데 익숙해 있어 그것이 누군가의 일방적인 욕망이 투영된 문화적 행위임을 알아차리지 못한다. 특히 이것을 관음증이라고 해석하는 것은 그 바라봄의 대상과 주체가 대부분 여성/남성으로 나뉘어져 있음에도 불구하고, 약간의 문제는 있지만, 인간 보편적인 특성인 양 간주하게 함으로써 여성비하와 폭력이라는 비난을 벗어나게 된다.

그러나 일방적으로 몰래 바라보임을 당하고 찍힌다는 것은 수치심을 느끼게 만든다. 타인에게 있어서 나는 꽃병과 같은 사물로 여겨지는 것과 다를 바가 없기 때문이다. 보이지 않는 정체불명의 타인에게 바라보여진다는 두려움은 인간의 원초적 공포이다. 왜냐하면 일방적인 가시성과 시선은 권력의 독점을 통한 폭력을 생산하기 때문이다. 엄밀히 말하면 시선의 비대칭성에서 권력이 발생하기 때문이다. 나는 바라볼 수 없는데 누군가 나를 은밀하게 바라보고 있다면 그는 나의 모든 것을 알고 있고, 따라서 나는 그에게 예속될 수밖에 없다.

아름다움이 그대를 속일지라도

몰카는 마치 시선의 비대칭성을 가장 잘 구현한 채 시선의 권력을 지닌 판옵티콘과도 같다. 18세기 영국의 계몽주의 철학자 제레미 벤담이 감옥 건물로 구상한 판옵티콘Panopticon은 라틴어로 모든 것을 다 볼 수 있다는 뜻인데, 건물 명칭에 걸맞게 중앙의 망루에서 간수 한 사람이 반지 모양의 원형 건물 전체를 일목요연하게 감시할 수 있다. 칸칸이 나누어진 독방들은 앞뒤의 창문으로 빛이 관통되어 그 안에 갇힌 수감자의 모습이 중앙의 망루에서 훤히 보이지만, 중앙의 망루는 지그재그의 칸막이로 빛이 차단되어 있기에 독방에서는 그 안을 들여다 볼 수 없다. 지속적이고 철저하게 모든 것을 바라보면서 정작 자신은 보이지 않는 그러한 감시수단을 갖추어야 하는데, 이런 모든 조건을 갖추고 있는 판옵티콘은 가장 이상적인 감시체제로서 규율권력을 행사하게 된다.

한편 독방 안의 죄수들은 자신의 일거수일투족이 간수에게 완전히 노출되어 있지만 중앙 망루에 있는 간수의 모습을 보지는 못한다. 망루가 어둡기 때문에 거기에 사람이 있는지 없는지조차 확인할 길이 없다. 다만 망루는 간수가 감시하는 장소이므로 거기에 간수가 있거니 하고 짐작만 할뿐이다. 여기에 감시 권력의 또 하나의 중요한 핵심이 있다. 누군가가 나를 감시하고 있다고 생각하면 나는 언제나 행동을 조심할 것이다. 항상 누군가에게 감시받고 있다는 생각에 신경이 쓰인다. 내가 확인할 길이 없으므로 감시자가 그 자리에 실제로 있는지 없는지는 아무 상관이 없다. 항구적인 가시성이 권력의 자동적 기능을 확보해 준다. 감시의 효과를 지속적으로 만들어주는 이

항구적 가시성은 보고-보이는 한 쌍의 지각 행위를 해체하여 시선의 비대칭, 불균형, 차이 등을 극대화함으로써 가능해진다. 일단 이런 장치를 만들어 놓으면 마치 자동 기계와도 같이 누구나 그 자리에 들어가 간단히 작동시킬 수 있다. 정보기관의 수장이 누가 되든 감시기능은 자동적으로 돌아가는 것과 같은 이치이다.

이러한 판옵티콘과 같은 몰카들이 대한민국 지하철과 공공화장실, 원룸, 여름철 워터파크 탈의실과 샤워실 등등 여성 공간이라면 전국 방방곡곡 어디든지에서, 자신은 보이지 않은 채 여성의 몸을 찍고 판매하고 유통하고 있다. 그래서 여성들은 감옥도 아닌데 마치 판옵티콘 감옥에서처럼 찍는 자는 보이지 않은 채 사회 전체 내에 '남성적 시선'이 여성 몸을 지속적으로 감시하고 있는 것처럼 느낀다. 더구나 그러한 몰래카메라의 제작과 유포의 메커니즘은 느슨한 법체계를 비웃으며 점점 더 작고 미세하고 눈에 띄지 않는 기술과 기계를 통해 진화발전하고 있다. 그런데 여성 몸에 대한 폭력적, 불법적 범죄를 마치 인간의 보편적인 심리나 호기심으로서 관음증인 것처럼 해석하고 명명한다면, 그것의 폭력성을 눈감아 주며 정당화 해주며 날개를 달아주는 것이나 다름없다. 이런 분위기 속에서 더더욱 여성들은 어디에서든 조심스럽게 걷고, 스커트 뒤를 가리며 걷고, 소위 모든 행동을 조심하며 신체의 가동범위를 좁히게 된다. 여성성이나 아름다움이란 것이 바로 이러한 행동들을 일컫는다. 여성 몸의 자연스러운 외화가 아니라 남성적 시각문화가 가하는 압력을 통해 형성되는 것이다.

　　　　　　　　　　　아름다움이 그대를 속일지라도

선택과 집중의 눈eye시스템:
눈은 보이는 것들을 다 보는 것이 아니다!

강력한 시각의 신화가 있다. 눈은 보이는 대로 보는 감각이고, 남자는 특히 시각이 발달한 시각적 존재라는 것이다. 그에 반해서 여성은 보이는 존재라고…… 과연 그럴까?

우리는 시각적 감각을 직접적으로 경험하는 것처럼 생각하기 쉽다. 즉 눈앞에 보이는 컵을 있는 그대로 경험하는 것으로 안다. 그러나 본다는 것, 시각에 대해서 기본적으로 상식과 다른 진실이 있다. 우리가 눈앞에 있는 컵을 보는see 것은 직접적인 경험이 아니라 간접적 과정이다. 즉 눈으로 컵과 직접 접촉해서 컵을 지각하는 것이 아니라, 컵에서 반사된 빛을 전기생화학적인 신호로 변화시킨 후 여러 정보처리 단계를 거쳐서 처리한 간접적 결과이다. 뿐만 아니라 우리는 눈앞의 모든 것을 볼 수 있는 것이 아니라, 단지 관심 있는 것만을 볼 수 있을 뿐이다. 이를 선택적 주의집중Selective Attention이라고 한다. 인간의 주의력과 인지능력에 관한 인지심리학과 생리학에서의 연구 결과이다.

앞서 고릴라실험에서 보듯 피실험자들은 눈을 번쩍 뜨고 보고 있었음에도 불구하고 고릴라를 보지 못했다. 왜 이런 일이 일어나는가? 우리는 일상에서 동시에 다수의 사물에 주의를 기울이는데(분산주의), 우리의 생각과 달리 주의를 분산하는 우리 눈의 능력은 제한되어 있다. 즉 우리는 눈앞에 보이는 것을 다 보고 있는 것으로 착각하지만, 실상은 눈앞의 모든 것을 다 주목해 볼 수가 없다. 우리 눈은 한계가 있는 것이다. 그래서 우리 눈은 우리가 관심이 있는 것만을 보거나 보게끔 되어 있다. 즉 우리의 시각 시스템은 망막에서 나온 정보가 너무 많아서 그 모두를 처리하려면 과부하가 된다. 따라서 우리의 시각 시스템은 처리하고 분석할 수 있는 정보의 작은 부분만을 선택하도록 설계되었다. 만일 우리가 눈앞의 모든 것을 다 보고자 한다면, 오히려 눈앞의 풍경은 복잡한 색채들의 소용돌이처럼 보일 것이다. 뇌의 시각피질은 이 색채들의 수많은 소용돌이에서 무엇을 보아야 할지 알 수 없게 되기 때문이다. 마치 색맹테스트를 할 때처럼, 거기서 숫자를 캐치하지 못한다면, 그림은 온통 수많은 색채를 지닌 점들로 가득 차 있는 것처럼 보이는 것과 유사하다.

정신물리학과 생리학에 따른 설명에 의하면 이는 다음과 같다. 망막에는 추상체만으로 구성된 중심와가 있는데, 이 영역은 세밀한 시

아름다움이 그대를 속일지라도

지각을 돕기 때문에 깨끗하게 보고 싶은 대상에 중심와를 맞추어야 한다. 이것은 마치 카메라 렌즈를 맞추는 것과 같다. 또한 피질의 배율계수magnification factor 때문에 중심와에 투사되는 정보는 중심와 밖에 투사되는 것보다 불균등하게 더 많이 처리된다.[23] 시각이 눈앞에 보이는 사물들 중 선택적 주의집중을 하는 것이다. 그럼에도 이런 과정이 마치 직접적으로 보자마자 알게 되거나 우리의 눈은 선천적으로 보면 아는 것으로 잘못 착각할 수가 있다.

복잡한 듯 보이는 이 정신물리학과 생리학, 인지심리학의 이러한 설명이 말하고자 하는 바는 다음과 같다. 우리가 경험하는 것은 우리가 주의attention를 기울이도록 동의한 것이다. 우리가 눈 앞의 어떤 대상을 볼 때 그 대상의 어떤 것에 초점에 맞추어 주의를 기울이면서 다른 것들은 배제한다. 이를 알기 위한 실험에서 최근 연구자들은 카메라 기반 눈 추적기를 사용해 어떤 장면을 볼 때 잠시 정지해서 응시하는 응시점들을 연구하였다. 그런데 결과는 우리가 눈앞에 보이는 대상의 모든 것을 보는 것이 아니었다. 왜냐하면 우리가 보는 행동은 장면의 특징이나 관찰자의 지식이나 목표 등과 같은 여러 가지 요인에 의존하기 때문에 대상의 특정한 측면에만 주의를 기울여 보는 것이라는 결과가 나왔기 때문이다. 사람의 눈 운동은 목표에 의해 결정되며, 사람들은 목표와 무관한 사물이나 영역은 응시하지 않

---

23 E. Bruce Goldstein, 『감각과 지각』, 34-148쪽.

는다. 더욱이 시각에서 이러한 주의집중은 지각에 필수적이다. 우리가 일련의 사건에 주의를 기울이게 되면 설사 바로 눈앞에서 다른 사건이 일어나더라도 이를 알아차리지 못하는 것이다. 앞의 고릴라실험이 바로 그 증거이다.

아름다움이 그대를 속일지라도

'여성은 너의 성적 대상물이 아니라'고
외치는 이유

앞에 나온 고릴라실험에서 흥미로운 점은 고릴라를 전혀 알아차리거나 보지 못한 사람들 중에 자신이 고릴라를 보지 못했다는 사실을 쉽게 받아들이지 못하는 경우가 많다는 점이다. 이것은 다음과 같은 사실을 의미한다. 즉 관찰자가 어떤 기대나 목표를 갖고 보느냐에 따라, 실제로는 존재하고, 눈으로 보고 있으면서도 보고 있음을 알아차리지 못하는 것이 있을 수 있다. 이 부주의 맹시는 지각에 주의 혹은 목표를 가지고 보는 행위가 중요함을 알려줄 뿐 아니라, 우리가 눈 앞의 대상을 있는 그대로 볼 수 있다고 생각해 온 상식을 보기 좋게 뒤집는다.

물론 이렇게 어떤 목표나 목적을 가지고 보는 '주의집중' 혹은 주목해서 보는 것은 어떤 것을 효과적으로 처리하기 위해 다른 것으로부터 철수하는 것을 말한다. 즉 색맹테스트에서 숫자 8을 보기 위해 수많은 점들을 배제하고 보는 것과 같다. 이때 피실험자는 자신의 가치, 사고, 경험에서 비롯된 것들을 다른 것들은 다 배제하고 주제가 되는 사항에만 집중하는 것이다.

그러므로 시대마다 사람들이 어떤 생각을 가지고 어떤 것들에 초점을 맞추어 보느냐에 따라 동일한 장면을 보아도 눈으로 캐치하는 것이 달라진다. 관점이나 시각, 초점이 다르면 동일한 장면을 보면서도 서로 다른 것을 보게 되는 것이다. 특히 여성을 보는 대한민국 남성의 시선이나 초점은 음란물의 초점과 거의 동일하다. 여성을 볼 때 가슴, 다리, 성기 등으로 성적 특성만을 보게 된다. 그리고 이 책 맨 앞의 들어가는 말에서 보듯이 중국이나 일본과 달리, 대한민국 남성들은 여성의 아름다움을 오직 그 성적 특성으로만 규정짓는다. 그것은 자연이나 개인적인 충동이라기보다 음란물에 길들여진 대한민국 남성들의 오랜 사회문화적 시각eye훈련 덕분이다. 이 때문에 여성은 남성의 성적 대상물이 아니라고 외치는 것은 과학적으로 타당성을 갖는다.

사실상 시선은 타자와의 관계이고 나와 세계를 맺어주는 기본적인 매체이다. 따라서 시선은 인간관계의 기본인 권력관계와 밀접한 관계를 맺고 있다. 전근대사회에서 왕은 백성을 내려다보되, 백성들은 머리를 조아리면서 감히 눈을 번쩍 뜨고 왕을 바라볼 수 없다. 이러한 위계적인 계급적, 신분적 질서의 시선이 현재는 남녀 간의 위계질서

아름다움이 그대를 속일지라도

로 형성되어 있다. 남성들은 여성과의 관계를 어디에서든 이러한 성적 대상으로서의 시선으로, 음란물의 시선으로 본다. 반면 여성은 남성의 몸을 성적 대상으로 보는 훈련을 오랜 시간 지속적으로 받아 온 것이 아니어서 그것이 습관화되어 있지 않다. 반복적인 시선의 훈련이 남녀를 서로 다른 문화와 시각적 감각을 형성하게 하는 것이다.

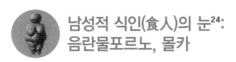

남성적 식인(食人)의 눈[24]:
음란물포르노, 몰카

결과적으로 남성들이 여성, 여성의 아름다움을 보는 시선은 바로 어린 시절부터 음란물포르노, 게임 등을 통해 남성중심적인 성행위에서 수동적이고 야한 여성의 옷차림과 몸, 태도에 익숙해진 특정한 삶의 방식이나 문화적 훈련에서 오는 선택적 주의집중, 특정한 관심적 '시각'으로 오랜 시간 학습된 결과에 따른 시각 감각 때문이다. 소위 남성들의 성적 욕망과 경험, 관심부위에 대해서만 시각적으로 집

---

24 D. Haraway, "Situated Knowledges: The Science Question in Feminism and the Privilege of Partial Perspective" in Feminism & Science, edited by Evelyn Fox Keller and Helen E. Longino, Oxford Univ. Press, 1999, 253쪽

아름다움이 그대를 속일지라도

중해 온 결과이다. 그리하여 그들이 여성에 대해 관심 있는 것은 그녀의 성취나 개성이 아니라 오직 그녀의 몸, 성적 대상으로서의 매력과 외모이다. 따라서 이러한 것들에만 집중해서 남성의 시각적 감각은 움직인다. 이러한 감각이 오래도록 계속적으로 반복되면서 여자를 보면 자동적으로 우선적으로 성적 대상으로서 보는 것이 익숙해진다. 음란물 무한반복 시청과 더불어 대중매체와 광고 속의 여성 외모에 대한 이미지와 그에 대한 묘사는 이러한 태도를 강화시킬 뿐만 아니라 이를 자연스럽고 표준적인 본능이나 지각방식으로 굳어지게 된다.

우리가 시각적으로 경험하는 것은 주의를 기울이도록 동의한 것이다. 주의집중은 이렇게 어떤 것만을 효과적으로 보기 위해 다른 것들은 철수하는 것이다. 이때 관람자는 자신의 가치, 사고, 경험에서 비롯된 것들을 혹은 다른 것들은 다 배제하고 주제가 되는 사항에만 집중하는 것이다. 여성을 꽃으로 은유하거나 여성을 화장실이나 에스컬레이터 아래에서 찍는 태도는 이와 같이 특정한 삶의 방식이나 문화적 훈련에서 오는 선택적 주의집중, 특정한 관심적 시각이라고 할 수 있다. 초등 4, 5학년 어린 시절부터 야동에 익숙해진 소년들의 시각에서 여성은 얼굴, 가슴, 성기라는 조합으로 이루어진 성애화하는 대상물일 뿐이다. 게임이나 음란물포르노에 나오는 여성은 남성들과 동일한 능력과 성취를 할 수 있는 이성적 존재가 아니다. 성적 호기심이 강한 시기에 청소년들이 무차별적으로 접하게 되는 음란물들의 다양한 시각적, 성적 흥분의 반복 속에서 여성에 대한 개념을 남성의 성욕을 중심으로 해서만 정립하게 된다. 여성의 성취나 욕망과 의사가 반영되는 상호적인 관계를 통한, 상호소통을 통한 여성 개념이 아니라, 남성 중심적인 욕망과 기대만으로 이루어진 일방적인 여성 이미지만을 시각세포 속에 각인하며 실재처럼, 실재보다 더 실재처럼 인식하게 된다.

결국 이렇게 여성을 꽃으로 보고, 야동을 보고, 몰카를 찍는 행위들은 특정한 관점, 남성이 세계의 눈, 즉 보되 보이지 않는 눈으로서의 문화적 행위, 정치적 지배행위이다. 그것에 대해 여성은 동의하지 않는데, 강제로 모르는 사이에 찍히고 이름 붙여지는 것이므로 폭력적인 권력의 시선인 것이다. 그러므로 단순 관음증이 아니라 연쇄살인마에 준하는 연쇄관음마의 폭력적 시선, 남성적 식인(食人)의 눈이다.

아름다움이 그대를 속일지라도

5

아름다움과 남녀 몸의 감각적 분배

"세상은 여자아이들에게 가르칩니다.
자신을 낮추라고, 내세우거나 설치지 말라고,
야망을 가지되, 지나쳐선 안 된다고,
성공을 하긴 해야 하지만, 너무 크게 성공해서는 안 된다고,
하지만 왜 남자아이들에게는 그렇게 가르치지 않을까요?
……

세상은 여자들이 서로 경쟁하도록 부추깁니다. 직업이나 성취가
아닌, 남자들의 관심을 끌기 위해 아름다움으로 경쟁하도록 ……
ー비욘세, Flawless 중에서(치마만다 응고지 아디치에 Ted 강연)

1. 키즈 메이크업과 공주수업:
역할놀이와 본성

그림 속 상품들이 무엇인지 아시나요? 여기 남자들의 관심을 끌기 위해 여아들이 아주 어릴 때부터 아름다움으로 경쟁하도록 승부를 부추기는 아이템들이 있다. 바비인형도 있고 핸드백도 있고…… 시장에 가면이 아니라, 유아들의 화장품 코너에 가면……

예전에 여아들은 그림으로 그려진 모형들로 인형놀이를 하곤 했다. 그러나 요즘 온오프라인에서 판매하는 유아용 화장관련 상품들은 그런 소꿉놀이를 위한 것들이 아니다. 실제 유아용 화장품, 네일 상품, 화장대 상품들이다. 즉 화장과 네일이 유아들에게 단순히 소꿉놀이가 아니라 실제로 사용하는 품목이 된 것이다. 유아들을 대상으로 한 기업들의 마케팅 탓도 있겠지만, 적극적으로 3-8세 유아들

아름다움이 그대를 속일지라도

● 미미핸드백

을 데리고 매장에 가서 네일이나 화장, 마사지 등의 서비스를 받는 엄마들도 있기 때문이다. 아동 전용 화장에 이어 아동전용 스파를 운영하는 업체도 있다. 이들 업체들은 골목길 구멍가게의 몸에 해로운 화장을 하느니 올바른 화장품으로 올바른 화장법을 가르치는 것이라고 주장한다.

어른 흉내 내기를 좋아하는 아이들의 놀이심리를 겨냥한 놀이문화가 키즈 마케팅과 결합해 사회 다방면으로 빠르게 퍼지고 있다. 유튜브에는 매일 어린이 메이크업을 주제로 한 각종 동영상이 동시다발적으로 업로드된다. '키즈 화장품으로 화장하기', '초등학생의 데일리 메이크업', '어린이 화장 놀이' 등 아이들이 직접 메이크업을 해 보는 영상부터 성인이 아동용 화장품을 이용하는 영상까지 다양하다. 여자아이들의 정신적 지주라고 하는 시크릿쥬쥬의 비타민 톡톡 시

◑ 시크릿쥬쥬 비타민 톡톡

◑ 시크릿 화장 가방

크릿 화장 가방을 한 번 열어보자. 그 구성품을 보면 성인 여성과 거의 마찬가지의 화장품들이 준비되어 있다.

크림 아이섀도우 3구, 크림블러셔, 선팩트, 컬러립밤, 네일 2종, 이렇게 총 5가지 화장품들이 들어 있다.

각 제품을 하나하나 살펴보면, 블링블링하다. 우선 "선sun 쿠션은 1년 365일 필수인거 아시죠?"라며 시작하는 비타민 쿠션은 촉촉함을 지켜주고 자외선 차단을 하는 데 도움을 주고 허브 성분이 포함되어 산뜻한 비타민 선 쿠션이라고 광고한다. 다음으로 "날씨가 추워지면서 입술이 쉽게 트고 갈라질 수 있으므로 비타민 컬러립밤으로 촉촉하게 유지해보세요!"라며 비타민 컬러 립밤은 촉촉한 보습 효과와 핑크빛 입술을 만들어 준다고 선전한다. 시크릿 크림 블러셔+브러쉬는 두 볼 가득 산뜻한 컬러로 생기 넘쳐 보이게 하며, 마지막으로 시크릿 비타민 크림 섀도우 3종+섀도우 팁 2종은 러블리한 눈매를 만들

아름다움이 그대를 속일지라도

어주는 비타민 크림 섀도우라고 한다. 특히 그림에서처럼 이젠 나만의 화장가방으로 잃어버리지도 않고, 예쁘게 보관 하면 끝! 피부 자극 테스트 완료! 유해물질 무첨가 테스트 완료! 라며,

쥬쥬처럼 "비타민을 톡톡. 너도 예뻐져 봐"

라는 광고로 아이들과 엄마들을 유혹한다. 이 광고는 화장품을 이용해 아이들이 '생기 넘치는 블러셔', '입술 촉촉 립스틱', '러블리한 눈매'를 강조하라고 부추기며, 화장품을 이용함으로써 아이가 너무나도 깜찍하고 어린 섹시함을 장착하게 된다고 선전하고 있다. 아이들에게 생기 넘치는 볼터치와 촉촉한 입술과 러블리한 눈매를 강조한다. 과연 섹시한 어덜트키즈(Adultkids, 어른스러운 옷과 구두를 착용하고 화장을 하며 럭셔리 키즈카를 타며 어른 흉내를 내는 아이)의 미래는 어떤 것일까?

2. 남아들의 장난감: 로봇, 드론, 자동차(첨단과학기술들)

이번에는 남아들의 장난감을 보자. 3세 남아들은 과연 어떤 크리스마스 선물을 좋아할까? 평소 아이가 좋아하는 캐릭터가 있냐는 물음에 엄마들은 답한다. 역시 남아의 선물로는 언제나 진리, 자동차가 최고다. "저희 아이는 3세 때, 소방차, 앰뷸런스, 경찰차……이런 것들을 정말 좋아했어요. 그래서 사다리가 달린 소방차 장난감을 사 줬더니, 엄청 행복해하더라고요."

"기차놀이 장난감이요. 평소 기차놀이를 너무 좋아해서, 기차 박물관도 자주 다녀오고 그랬거든요."

"저희 아이는 타요, 폴리를 좋아했는데요. 자그마한 타요 세트라든가, 변신할 수 있는 로보카 폴리 친구들도 좋았어요."

❶ 자동차 장난감   ❶ (좌) 타요/(우) 폴리

❶ 카봇/(우) 또봇   ❶ 중장비 장난감

"공룡 장난감이요. 아직은 공룡메카드나 또봇, 카봇처럼 브랜드를 원하지는 않아서 …… 그냥 공룡 미니어처 장난감 사줬어요^^"

"중장비 장난감 자동차요. 포크레인, 불도저 …… 평소 길거리 지날 때마다, 중장비 차들만 보면 눈이 돌아가더라고요. 그래서 중장비 장난감으로 준비했어요."

"옥토넛 잠수함 세트요. 우리 아이가 너무 좋아해서요. 평소 아이가 좋아하는 만화 관련 상품 추천합니다."

"카봇, 또봇, 터닝메카드 등 변신 로봇 추천해요. 3살 지나서도 가지고 놀 수 있어요. 그런데 너무 복잡한 거 말고 요즘 '원터치' 형태로 나온 걸 사세요. 매번 엄마들이 변신시켜주기 힘들잖아요^^" 그 외 공룡은 아예 기본이다. 남아들은 아마도 미래 스마트카 드론산업, 로봇산업 등 미래 4차 산업혁명 세상을 주름잡을 것이다.

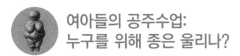

여아들의 공주수업: 누구를 위해 종은 울리나?

모 업체는 여자 아이를 편한 의자에 앉히고, 분홍색 가운을 입히고 풋스파와 동시에 네일케어를 정성껏 해준다. 이어 얼굴에 쿠션을 두드려주고 립밤을 정성껏 발라준다. 성인이 받는 뷰티 서비스를 5세 여자아이에게 하고 있는 것이다. S키즈뷰티 업체에서 5세 딸과 '얼굴마사지+입술촉촉+선크림톡톡' 서비스를 이용한 A씨는 매주 한 번 서비스를 이용한다고 한다. 한 번 이용한 후 딸이 좋아해 먼저 오자고 하고, 가운을 입은 모습이 귀엽기도 해서 추억 삼아 온다고 한다.

관련 업체들은 아동 뷰티 제품과 서비스를 선보이며 아이들에게 화장을 부추긴다. 뷰티스파도 더 이상 성인만의 전유물이 아니다. 서울에는 아동 뷰티 서비스를 받을 수 있는 업체가 최근 서울 잠실과 여의도 등에 생겼다. 잠실에 있는 S업체는 천연 유아용 메이크업 제품을 판매하며 동시에 체험형 뷰티 스파를 운영한다고 홍보한다. 여의도에 있는 C업체는 유명 유튜브 채널의 콘텐츠와 캐릭터를 중심으로 꾸린 키즈카페로 풋스파와 마사지를 받을 수 있는 뷰티 스파를 운영하며 인기를 끌고 있다.

업체 관계자들은 유아용 뷰티 스파는 성인과 같은 것은 아니고, 아이들의 역할놀이의 일종일 뿐이라고 주장한다. 어린이와 청소년이 혼자 화장품을 구매하기보다는 부모와 함께 구매하는 것이 옳다고 여기기 때문에 바람직하다는 입장이다. 그런데 사실 바로 그 역할놀이가 문제다! 어린 시절부터 이런 경험이나 습관이 외모에 대한 집착을 심어주고 외모강박증을 낳게 해주는 것도 문제지만, 더 큰 문제는 이들 업체가 밝히고 있듯이 이러한 역할놀이를 통해 여성성과 남성성에 대한 고정관념을 어린 시절에 온몸으로 뿌리깊이 내면화하는 것이 무엇보다 걱정스러운 일이다.

특히 최근에는 몇몇 업체들이 여자아이를 대상으로 하는 뷰티 전용 서비스로서 '공주수업'을 운영하고 있다. 5~8세 여아를 대상으로 리본놀이, 걸음걸이 연습, 영국식 티 매너 수업 등의 수업을 진행한다. 그런데 특기할만한 것은 업체마다 수업 내용은 약간씩 다르지만 공주수업에 참여하는 아이들은 모두 공주풍 드레스를 입고 참석해야 한다는 사실이다. 한 공주수업 업체 관계자는 "공주수업의 공주는 아이들을 집중시키기 위한 캐릭터일 뿐이다. 여아들이 공주 드레스를 좋아하고 화장품을 좋아하는 것은 본성이다. 공주수업에서는 아이들에게 좋지 않은 문방구 화장품이나 어른용 화장품을 가지고 놀지 못하게 하기 위해 올바른 화장품 이용법을 가르쳐주는 것뿐이다"라고 한다.

올바른 이용법이라? 더구나 여아가 공주드레스를 좋아하고 화장품을 좋아하는 것이 본성이라고?

공주가 되고 싶어 하는 여자아이들은 과연 몇 살까지 그런 공주에 대한 환상으로 살아갈 수 있을까? 과연 성인이 되어 회사에서 회식자리에서 상사에게 공주 대접 받으며 성희롱과 성추행을 당해도, 성접대를 요구받아도 그런 공주가 되고 싶을까? 어린 시절의 동화들과 과보호 부모들은 여아들에게 공주를 최고의 가치인 것처럼 심어준다. 그리하여 여아들은 백설공주든, 잠자는 숲속의 공주든, 신데렐라든, 백마 탄 왕자님의 선택을 받기 위해 공주가 되기 위해 안달이 난다. 여아들의 이러한 심리를 이용해 만든 상품들이 바로 공주수업이나 기타 키즈카페, 키즈메이크업 상품들이다.

정상 체중인 성인 여성도 체중강박, 외모강박증에 마음을 조이는 대한민국은 성장하는 청소년은 물론 어린 유아들, 어린아이들까지도 다이어트나 외모에 대한 집착에 시달리고 있다. 키즈산업이나 뷰티산업, 이러한 뷰티산업이 여성들 뿐 아니라 여아들, 청소년 할 것 없이 외모집착과 강박증을 낳게 하고 있다. 과연 우리 사회가 추구하는 아름다움이란 것은 대체 누구를 위한, 누구에 의한 아름다움일까?

특히 여아들의 놀이와 남아들의 놀이를 비교해 보면, 어린 시절부터 수행하는 성역할과 함께 미래까지 지배하는 그들의 육체적, 정신적 감각과 감수성, 열정의 차이가 뚜렷하다. 즉 여아들이 화장과 외모에만 신경 쓰며 자라는 동안, 남아들은 로봇, 자동차, 중장비, 총, 칼 등 공적 공간과 국가 및 우주공간과 과학 등 미래사회를 주도하는 취미와 열정을 키워나간다. 마치 이러한 구분과 차이가 생물학적 차이라도 되는 양 가르치는 경우가 많지만, 이러한 반복적이고 계속적인 역할 수행은 곧 몸이 느끼는 감각과 감수성이 되며 그들의 사회적 삶도 위계질서를 이루게 된다. 남아들이 세상을 호령하며 국가와 우주를 지배하는 주인을 꿈꾸고 훈련하는 동안 여아들은 아무리 능력이 탁월해도 그 남자들에게 선택받을 준비에만 열중하고 경쟁하는 감각만을 키우고 세련화되어간다. 어린 시절을 이렇게 구분된 역할 놀이에 충실하게 지낸다면, 이 여아들이 미래 세계를 지배하는 남아들의 보조, 열등한 이등 시민이 되는 것은 당연한 일 아닐까?

아름다움이 그대를 속일지라도

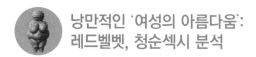

낭만적인 '여성의 아름다움': 레드벨벳, 청순섹시 분석

　한국사회에서 한 아이가 소녀로, 소년으로 자라나는 과정에서 흔히 말하는 "소녀답게" "소년답게", 나아가 "여성스럽게" "남성스럽게"를 일상적으로 가장 흔하게 강요받는 곳은 어디일까? 학교? 광고나 미디어? 나쁜 사람들? 안타깝게도 이런 공적 기관 이전에 가정(가족이나 친척들), 즉 가장 가깝고도 친밀한 부모님들이다. 부모님들이 알게 모르게 이런 여성/남성의 전통적 역할과 고정관념을 깊숙이 심어준다.

　어린 시절 부모의 영향력은 절대적이다. 특히 외모에 대한 부모의 생각은 사실 기존 사회로의 진입을 위한 사회화의 학습이자 연습이다. 부모들은 여자아이라면 물건이나 옷을 고를 때 여자답게 예쁘게 분홍색이나 리본, 치마를 선택해 주기 쉽고, 인형이나 소꿉놀이 장난감을 선택해 놀게 한다. 여아들에게 장난감 권총과 칼, 슈퍼맨 쫄쫄이나 로봇, 카봇, 중장비를 사주기보다는 인형이나 소꿉놀이 장난감을 가지고 놀게 한다. 여아들에게 확실하게 성적 대상이자 육아와 가사일이라는 미래의 역할분담을 훈련시키고 내면화시키는 것이다. 이러한 역할 놀이가 한낱 놀이에 멈추는 것이 아닌 이유다. 특히 여아들은 옷을 깨끗하게 입어야 하고 남아들보다 더 주의를 기울이고 조심해야 한다. 정도의 차이는 있겠지만, 이러한 사회적 룰에서 조금 벗어나 여성스럽게, 남자답게 하지 않으면, 유치원이나 초등학교를 거치면서 교사들과 또래 친구들이 워낙 적극적으로 개입해서 교정해주기 때문에 고등학생 정도 되면 완벽한 대한민국 형 여성성/남성성 외모와 마인드가 탄생하며 거의 완성된다.

특히 청소년기 여학생들은 어린시절 공주시리즈들과 대중문화 여성 아이돌(idol)이 제시하는 외모를 이상적인 여성성으로 꿈꾸며 그러한 꿈을 이루고자 한다. 덕분에 자연스럽게 한국적 여성스러움의 태도와 외모, 섹시한 외모와 순종적 태도를 의심할 여지없이 받아들인다. 또래 문화도 있지만, 성적만 중시 여기는 문화에서 비판적 사고를 기르기 어려운 상황에서 여성성/남성성 고정관념은 어른이 되고 싶어 하는 그들에게 낙원이자 이상향이다. 그러면서 그 이상형들인 아이돌과 다른 자신의 신체는 적이 된다. 자신의 몸과 얼굴에 자부심을 느끼지 못하고 주눅 들고, 자신감을 위해 많은 다이어트 프로그램의 명령처럼 극단적인 다이어트와 짙은 화장 마스카라 립스틱으

아름다움이 그대를 속일지라도

로 여성성의 몸을 만들고자 한다. 사회에서 주는 여성성의 몸을, 순종적인 몸을 표준이나 이상형처럼 배우는 것이다.

패션이나 외모는 자칫 여성이나 남성의 신체적인, 생물학적인 특징을 기반으로 한 것으로 여겨지기 쉽다. 패션이나 외모라는 것이 여성이니까 여성적으로 남성이니까 남성적으로 단순하게 옷 입고 화장하고 수염 정리하는 것이라고 믿을 수 있다. 그러나 패션이나 외모는 생물학적인 신체에 기반해 자연발생적으로 형성된 것이라기보다는 태도나 제스처 등 몸과 관련된 것인 만큼, 외모에는 한 사회의 여성성/남성성 규정과 성역할에 따른 권력관계가 기입되어 있을 수밖에 없다. 가정이나 학교에서 주입시키며 다듬는 외모는 사실 기존 가부장적 사회의 남녀 모형에 따른 외모로 만들어가는, 눈에 보이지 않는 성형과정이다. 여자는 여리여리하고 여성여성하게, 남자는 강하게 기존의 모델에 조금 세련된 취향을 가미해 가르치기 때문에 아이들도 어느 시점에서는 알파고처럼 스스로 알아서 가부장적 여성성을 딥러닝 함으로써 이를 응용하며 기존의 사회 룰에 맞는 외형을 조립하게 된다. 아예 자신의 외형 꾸미기를 타고난 취향처럼 느끼게 되어 감각적으로 여성적으로 느끼게 된다.

우리나라 여성 아이돌의 외모는 아름답다. 그런데 외국 여성 그룹과 비교해 보면 참 다르다. 패션 스타일은 레드벨벳이 훨씬 화려하고 노출도 더 많은데, 미국 여성 그룹 피프스하모니와 달리 다소곳하고 조금 조신스럽다. 소녀답고 훨씬 더 어린 듯 느껴지나, 사실 연령대는 양쪽이 유사하다. 즉 피프스하모니와 비교할 때, 나이는 같은데도,

✪ 레드벨벳

✪ 피프스하모니

아름다움이 그대를 속일지라도

레드벨벳의 제스처나 태도는 더 어려보이고 순진하고 유아스럽다. 그러나 외모는 더 화려하다. 이 사진으로 모든 것을 평가하지는 무리지만, 분명한 것은 양쪽 나라의 흐름이나 경향을 읽는 데는 무리가 없다. 즉 한국 여성 아이돌은 대체로 서양과 비교할 때 훨씬 여성스럽고 다소곳하다. 고전적인 아름다움과 현대적 아름다움을 통합했다고나 할까? 외모는 모던하고 섹시하고 화려하나 태도는 더할 나위 없이 조신하다. 가부장적 여성스러움을 간직한 아름다움, 청순섹시, 순수섹시 혹은 얌전한 섹시함의 아름다움을 보여준다. 당당하지 말라. 얌전하고 유순하라. 섹시함으로 유혹을 도발하되, 자신은 순결하고 순수하라! 성적이되 성적 욕망을 드러내지 말고 부끄러워하라고 말하는 듯하다.

여성 외모와 아름다움:
가부장적 지배의 필수 수단

앞서 유아들을 겨냥한 메이크업 세트들, 화장대, 전용 스파 등을 훑어보았다. 몇 년 전 초·중학교 여학생들의 화장에 대해 우려를 했었는데, 설마 했던 상품광고와 시장의 형성이 아니나 다를까 판을 벌여 커지고 있다. 유아를 겨냥한 업체들의 주장처럼, 공주수업은 문구점의 해로운 싸구려 화장품보다는 올바른 화장품을 구매하게 하겠다는 의도로, 공주풍 드레스를 입히고, 화장을 시키고, 얼굴 마사지를 해주고, 전용스파를 하고, 네일케어를 해준다. 공주수업에선 이러한 외모에 걸맞게 걸음걸이 연습, 영국식 티 매너 수업을 한다고 한다. 이것들을 과연 뷰티산업에서 홍보하듯, 단순한 역할 놀이문화라고 할 수 있을까?

아름다움이 그대를 속일지라도

얼굴을 곱게 화장하면, 거기에 맞는 행동코드들이 따라붙는다. 남자들이 정장 슈트에 넥타이를 매면 자신도 모르게 태도가 달라진다고 말하는 것과 같다. 자신을 위엄있게 느끼는 것이다. 반면 공주 패션은 조심스러운 행동과 태도 코드들이 함께 하지 않으면, 곱게 한 화장이 돋보이거나 어울리지 않는다. 그래서 공주 수업에서는 걸음걸이도 연습하고, 영국식 매너도 배우며 공주풍 드레스와 화장에 걸맞은 행동과 태도를 익히게 한다.

즉 다른 모든 외모와 패션도 마찬가지지만, 공주가 되려면 공주의 외모와 행동거지가 패키지로 필요하다. 아이지만 경박하게 달리거나 펄쩍펄쩍 뛰면 안 되고, 축구나 야구 같은 놀이도 안 되고, 쩍벌도 안 되고, 조용히 앉아 우아하게 입술 닦으며 차를 마셔야 한다. 이러한 공주는 전근대사회 계급적, 성적 차별이 분명하던 시대, 칼을 차고 전투에 달려 나가고, 중요한 정치적 결정을 하며 자신의 운명을 스스로 결정하는 주체가 아니다. 오직 왕자님의 키스만을 기다리는 얌전하고 순종적인 자리, 아버지인 왕이 필요로 할 때는 자신의 의사와는 상관없이 꼼짝없이 먼 나라 이웃나라 왕이나 왕자의 아내가 되어야 하는 처지이다. 말이 왕족이지 자기 자신에 대한 아무런 권리도 결정권도 가지고 있지 못하다. 그래서 공주는 왕이나 왕자의 필요에 따라 시집 잘 가기 위해, 선택받기 위해 화려하게 치장해야 한다. 치장할 뿐 아니라 행동거지도 공손하고 예의바르고 순종적이어야 한다. 이것은 공주가 선택할 수 없는, 주어진 패키지 세트, 가부장제 상품이다. 이 상품은 예쁜 공주 옷을 사면 따라붙는 필수 사양이다. 그

리고 그런 패키지 모습을 갖춘 공주를 여성적이라고 하며 아름답다
고 한다. 권력을 가지고 뒤흔들며 자신의 욕망대로 하는 측천무후 같
은 여성을 아름답다고 하지 않는다. 공주에게는 자신의 욕망이나 야
욕이나 그런 건 잘 어울리기 어려우니 말이다. 여기 키즈들에게 교육
하는 공주수업에 그런 저항적이고 야욕 넘치는 패기를 가르치는 경
우란 없을 것이다. 얌전하게 차 마시고, 얌전하게 걸음걸이를 배우는
수업에서 가부장적 여성성 패키지에 금이 가는 내용을 실을 리는 없
기 때문이다.

　비욘세가 〈Flawless〉라는 곡에서 노래했듯이 — 비욘세가 치마만
다 응고지 아디치에의 Ted 강연의 일부를 치마만다에게 허락을 받
아 자신의 곡에 샘플링했다 —, 세상은 공주들에게 이렇게 가르치고
있다.

　　세상은 여자아이들에게
　　자신을 낮추라고, 내세우거나 설치지 말라고,
　　야망을 갖되, 지나쳐선 안 된다고,
　　성공을 하긴 해야 하지만, 너무 크게 성공해서는 안 된다고,
　　"안 그럼 너는 남자들을 위협하게 될 거야"라고 가르치고,
　　항상 마음속에 결혼만이 인생의 가장 중요한 선택이라고
　　믿으면서 살아야 한다고, 여자에게는 "결혼만이 기쁨과 사랑의 원
　　천이야"라고
　　가르친다. 하지만 남자아이들에게는 그렇게 가르치지 않는다.

　　　　　　　　　　　　아름다움이 그대를 속일지라도

이 모든 여성성의 학습은 필수적으로 여성의 아름다움이란 이름으로 완성된다. 이 모든 과정들과 여성의 아름다움, 성적 대상화는 하나의 패키지 상품이자 세트다. '아름다움'이라는 공손하고 얌전하게, 불만이나 그런 건 외로워도 슬퍼도 입 앙 다물고 조용하고 조심하게 머물러 있는 자세는 각각이 단품이 아니라 여성의 성적 아름다움이라는 혈관이 지나가 엮어 낸 하나의 패키지상품이다.

이러한 공주 풍의 드레스와 화장은 가부장적 위계질서 안에서 배치된 역할만 가능하다는 의미다. 왕자처럼 만일을 대비해 칼과 무기를 들고 무술을 배우며 몸을 단련하거나 한 나라를 이끌어갈 정치적인 교육도 전투전략도 배우지 못한다. 자신을 보호하고 세상을 지배하기 위해 싸워나가는 교육은 그들의 권리 안에 들어 있지 않다. 아버지 왕의 분부대로 다른 왕이나 왕자에게 시집가서 왕자의 아이를 낳아주는 역할을 하는 것이므로, 공주의 드레스와 화장은 이미 자신의 운명을 제한하는 셈이다. 가부장적 권력에 봉사하고 일조하는, 가부장적 권력을 보조하는 역할을 하는 몸의 감각으로 자기존재의 효용성을 제한하는 법을 배우는 것이다. 공주의 존재 가치는 가부장적 위계질서 유지에 봉사하는 몸의 사용법을 따르는 것이다. 공주풍 드레스와 화장, 매너와 걸음걸이는 그러한 종속과 복종의 키워드들을 몸의 감각으로 익히고 배우는 것이다. 이렇게 해서 공주가 대변하는 여성의 아름다움은 가부장적 지배에 필수 코스가 된다.

권력과 아름다움: '몸이 느끼는 감각'의 강제분할

우리는 자주 우리의 감각이 몸의 자연스러운 생물학적 반응이라고 생각하기 쉽다. 여리고 조심하는 유리멘탈 감각과 대범하고 상남자다운 개구쟁이 감각은 음양논리에 따른 자연의 이치로 착각하게끔 배웠기 때문이다. 그러나 4장에서 보았듯 감각연구가 마크 스미스에 따르면, 감각은 자연적으로 생물학적으로 타고난 것이 아니다. 특히 랑시에르에 의하면, 권력은 감각되는 것, 생각되는 것, 지각되는 것, 명명되는 것, 느끼는 것을 정하는 분할의 체계를 강제한다. 그래서 감각과 취향의 착취는 다른 장소가 아닌, 바로 우리의 몸과 외모 패션이 한 사회에서 어느 자리를 차지하고 있느냐 하는 감각의 문제와 연결된다. 지배와 권력은 우리의 몸과 외모, 패션이 한 사회에서

아름다움이 그대를 속일지라도

차지하고 있는 우월하거나 종속적인 위치에서의 몸의 감각과 관련된다. 왜냐하면 권력은 개인에게, 그녀/그가 있을 자리와 몸의 감각을 강제로 부여하기 때문이다. 여기서 강제라는 것이 의미하는 것은, 한 아이가 태어나기 이전에 이미 한 사회 내에 그녀/그가 선택하기 이전에 정해진 패션이나 몸과 외모의 프레임이 정해져 있음을 의미한다. 물론 그 프레임 내에서는 아주 다양하고 무한한 선택의 여지가 있는 것은 사실이지만, 단 남성/여성 몸과 외모의 프레임을 넘어서는 것은 명확하게 제한되어 있다. 권력은 바로 이렇게 위계를 나누고 지역이나 공간을 나누어서 사람들에게 각자의 몸의 감각을 분배하는 것으로부터 시작한다. 강제적인데, 태어날 때부터 교육되어, 마치 자연스러운 자신의 느낌과 타고난 취향처럼 느껴진다. 오래도록 지속되어 온 가부장 권력사회의 남녀 몸이 느끼는 감각적 분할이기 때문이다.

　권력은 감각을 분할한다. 그래서 소녀, 여성에게는 그들에게 분배된 그 자리, 그 몸, 패션, 외모에 머물면서 세상을 그 자리에서만 보고 느끼도록 한다. 아름다움, 특히 현재 대한민국에서 아름다움은 여성에게 강제적으로 부여된 외모나 몸 패션 감각의 자리이다. 감각적 세계 안에 아름다움이라는 여성의 몸이 기입되는 방식, 달리 말하자면 여성의 몸이 세계를 느끼는 방식이 바로 랑시에르가 지적했듯이 미학, 아름다움의 세계의 논리이자 구조이다. 그래서 당연하게도 자동차놀이나 로봇놀이에 빠졌던 남자 아이들보다는 화장품과 인형놀이에 빠졌던 여자 아이들이, 남성들보다는 훨씬 더 많은 여성들이 외모를 꾸미고 옷을 고르고 치장하는 것을 좋아한다. 권력과 사회가 이미 이러한 몸의 감각과 기호(선호), 감수성을 어린 시절부터 반강제적으로 여성에게 분할하고 부여해 놓았기 때문이다. 물론 그 분할된 자리, 그 몸의 감각 내에서의 자유로운 변형은 가능하다. 덕분에 개인의 다양한 선택과 개성이 가능한 것처럼 보이고 패션은 무한히 자유로운 영역처럼 느껴진다. 핑크 리본, 옐로우 리본 혹은 다른 귀엽거나 섹시한 액세서리의 선택이 가능하다. 그러나 그것은 어디까지나 여성에게 분할된 그 자리이며, 고분조분 조심조심하는 틀을 크게 넘어서지 않는다.

어린 시절부터의 사회화는 이미 권력의 요구대로 그 분할된 자리나 경계를 넘어서지 않도록 개인들을 길들이므로, 특히 소녀나 여성들은 착하고 말 잘 듣는 감각으로 키워졌기 때문에 외모에서 소녀다운 혹은 여성다운 실루엣에서 벗어나지는 않는 경향이 있다. 대부분 여성들은 그들에게 부여된 자리를 아주 만족하게끔 키워지고 또 그것을 벗어날 만큼 폭력적인 감각이 분할된 적이 없기 때문에, 싸움이나 욕설, 폭력을 수시로 행사하지 않는다. 어릴 때부터 다른 애들이랑 놀다가 맞고 들어오면, 무슨 일이 있어도 맞고 울고 들어오지 말라거나 네가 더 때리고 이기고 들어오라고 교육받지 않기 때문에 여성들은 그 소녀답고 여성스러운 감각을 벗어나는 적도 거의 없고 앞으로도 그럴 확률이 별로 없다. "지고 들어올 거면 집으로 들어올 생각은 하지도 말라"고 교육받아 본 적이 없기 때문에(혹은 아주 드물기 때문에) 폭력이나 싸움, 욕설의 감각을 입에 달고 살지 않는다. 그래서 남학생들이 싸움이나 폭력 등으로 경찰서 드나드는 것이 별일 아

아름다움이 그대를 속일지라도

닌 듯 자라나는 것과 대비된다. 물론 일부 중고등학교 여학생들은 욕을 하고 폭력도 행사한다. 그러나 남학생들의 욕설, 폭력과는 그 빈도와 강도에서 비교가 안 된다. 그런 감각은 남아들과 남학생들에게 분할된 자리이자 감각이기 때문이다. 형사 재판이 열리는 곳을 가보면, 역시 싸움, 폭력, 욕설 등등은 남성들 전담 영역이라고 해야 할 만큼 그런 감각이 남성세계에선 아주 익숙하고 친숙하다. 그래서 여아나 여학생이 싸움이나 욕설, 폭력을 하게 되면 그 비난의 정도가 상대적으로 클 수밖에 없다. 그런 감각은 여성에게 소녀에게 분할된 감각이나 몸의 영역이 아니기 때문이다. "어디 여자애가⋯⋯" "무서운 10대 여중생을⋯⋯"

여성들에게 분할된 감각은 꽃처럼 여리여리하고 아름다우라!이다. 설령 그대라는 꽃을 누군가 꺾어버린다 한들 슬퍼하거나 노여워하지 말라. 그게 다 이뻐서 아름다워서 그러는 것이니⋯⋯ 그게 다 사랑이니⋯⋯ 이미 저항할 수 없게, 치고받고 싸움질 하도록 키워진 근육도 없기는 하지만. 어쨌든 여성들에겐 이렇게 꽃처럼 아름다운 몸의 감각의 자리만 듬뿍 할당되었다. 아름답디 아름다운 꽃으로⋯⋯ 결국 여성들은 위급한 상황에서도 자신을 보호하는 법을 배우지 못하는 경우가 대부분이다.

초능력을 갖게 된 남자가 짝사랑하는 여자가 위기에 처하자 초능력을 발휘해서 여자를 구하고, 더 나아가 정의를 수호하며 인간을 보호하는 사명을 다한다는 줄거리, 어디에서 많이 보았을 것이다. 웬만한 슈퍼영웅들은 거의 이러한 포맷을 지니고 있다. 슈퍼맨, 스파이더

맨, 아이언맨 시리즈들······ 남아들은 로봇태권브이를 비롯해서 어린 시절부터 남성다움의 이상형을 헤게모니적 남성성, 영웅적인 남성성으로 자아를 가득 채운다. 이러한 영웅들 외에도 자기 자신에 대한 셀프이미지를 역사적, 과학적 위인들에서 선택한다. 아주 어릴 때부터 접하는 단순한 컴퓨터 게임도 경쟁적인 것들로 이루어져 있다. 사회 안에서 자기 자신의 몸의 감각이 어디에 위치해야 하는지, 그러기 위해서 어떤 과정을 거치고 어떻게 경쟁에서 싸워 이기는지를 배운다. 최종 통과의례로 군대에서 이 모든 어린 시절부터의 감각들을 군인의 태도를 통해 자신의 감정을 드러내지 않고 경쟁하는 법을 터득한다. 세상의 지배자, 승리자가 되는 법을 배우는 것이다.

반면 여자아이들은 신데렐라와 백설공주와 같은 동화책 속 여주인공들이 등장하는 애니메이션을 달고 산다. 겨울왕국 여주인공의 파란 원피스를 입고, 머리에 왕비크라운을 쓰며, 공주놀이에 빠지고, 소꿉장난에서는 과일도 있고 주방도 있어서 밥을 하고 손님에게 차를 대접한다. 바비인형 뿐 아니라 컴퓨터 게임도 종이게임도 캐릭터 옷 입히기나 외모꾸미기가 있어 푹 빠진다. 이것이 간략한 남아 여아의 여성성/남성성의 전형적인 모델이다. 아주 어린 남아가 슈퍼맨 복장을 한 모습이나 여아가 공주 옷 같은 핑크드레스를 입고 있는 모습을 주변에서 심심치 않게 보았을 것이다. 물론 이러한 이분법에서 벗어나 누나들을 따라 인형을 좋아하는 남아도 있고, 남자애들 틈에서 골목대장을 했던 여자애도 있다. 그러나 그들조차 초중고를 거치면서 학교 교사와 부모님, 또래 친구들의 지속적인 끼어들기와 간섭

아름다움이 그대를 속일지라도

으로 고정된 남녀 이분법적인 사회화와 몸의 감각을 익히게 된다.

문제는 이러한 여성성/남성성의 이분법적인 역할분배를 고정된 자연 질서로 받아들이고, 또 주변에서 어른들도 곧잘 이를 조장한다는 점이다. 고정된 성 역할 이상으로 심각한 문제는 외모에 대한 고정된 이미지이다. 그래서 유치원 남아가 핑크색 필통이라고 울며 유치원을 가지 않겠다고 떼를 쓰고, 여자애는 공주 옷이 아니면 안 입겠다고 우긴다. 이러한 경향은 화장에 눈뜨며 화장을 시작하는 초등 4, 5, 6 학년이 되면 더욱 더 강해진다. 이제는 여아들끼리 여성스럽게 입지 않은 여자애를 왕따 시키고 놀린다.

남성성의 배분: 군복 스타일

　반복하지만 여성스러움이나 남자다움은 생물학적으로 타고난 것
처럼 배우는 경우가 많다. 그래서 육체적으로 자기를 발견한다는 것
은 쉽지 않다. 그게 원래 자연 그대로 자기 육체를 발견하는 것인지
아니면 위에서 보듯 어린 시절 다양한 미디어나 주변가족, 학교 등을
통해 순치된 육체를 발견하는 것인지 헷갈릴 수 있다.

　해병대의 헤어스타일이나 팔각모자는 '한번 해병대는 영원한 해병
대'를 의미하며 해병대 출신의 모든 남자들을 묶어준다. 젊은 시절
한때의 해병대스타일이 평생을 가며 그들의 자아를 규정하고 확장시
켜준다. 자신들이 국가를 책임진다는 주인의식에서 오는 자부심과
우월감이 그들의 자아를 빵빵하게 확장시켜 거침이 없는 자존심을

　　　　　　　　　　　　아름다움이 그대를 속일지라도

내뿜는 것이다. 과연 해병대 복장과 헤어스타일을 하지 않았던들 그러한 자만심과 자부심이 나올 수 있었을까? 해병대 헤어스타일top and tight의 그 각진 헤어 정도 해줘야 그 대한민국과 세계와 지구를 지키는 해병대 정신이 속속 근육 속으로, 세포 속으로 침투해 들어오고 심장에 꽂히는 법이라는 듯하다.

　대한민국에서 군복은 가부장제를 자랑스럽고 충성스럽게 유지시켜 나가며 가부장적 지배와 권력을 합법적으로 정당화해주는 권력 패션이다. 얼룩무늬, 디지털무늬 군복은 마치 대한민국의 대표적 표준 시민자격을 장악이라도 한 듯이 가부장적 남성성을 훈련시키며 강화시키는 진원지로서 자랑스러운 무늬이다. 정전상태에 있는 대한민국에서 전투훈련은 어린 시절 놀이였던 총싸움, 칼싸움을 실전처럼 느끼며 남성다움을 확인하게 해주는 로망의 체험이자 남성들의 폭력성을 합당하게 표현할 수 있는 장소이다. 이런 점에서 군복과 무기는 남성성의 윤리를 표현하고 방어한다. 무기로 무장하고 전투복장을 한 전투에서 표현되는 전사의 가치는 남성영웅신화의 중심을 이루고, 그것은 젠더 이데올로기로 채색된다. 그래서 남자들이 말로는 군대를 싫어한다고 하지만, 다른 한편으로는 여성보다 우월한 남성성을 경험하는 곳이기에 꼭 경험하고 싶은 곳이기도 하다. 즉 어린 시절부터 보아 온 로봇태권브이로부터 시작해 아이언맨에 이르는 다양한 전사 캐릭터는 전쟁과 무기, 해병대 헤어스타일은 오로지 남성들의 관심사로서, 그 이미지들은 남성들을 군복과 군대 헤어를 경험한 남성들을 용감한 전사로 등극시키고, 여성들은 무기력한 아내, 어머니, 딸, 그리고 성적 대상으로 분할해 이해하게 한다. 군복을 입고 무기를 잡았던 힘센 육체의 힘은 남성다움의 지위와 자존심을 측정하는 가장 근본적인 지표이다. 육체적 힘과 더불어 무기를 들었던 자부심은 그들의 폭력기술의 중심부에 남아있다. 그들만이 이 나라의 유일한 시민이자 국민으로 느끼게 된다. 여성은 꽃, 자연과 함께 남성보다 열등한 존재로, 그들을 존경해야 하는 존재, 그 대가로 그들을 위해 아름다운 꽃이 되어야 하는 존재, 2등시민으로 여겨진다.

　오스만투르크 이슬람군이 포로로 잡혔을 때를 대비한 헤어스타일이 해병대 헤어스타일이 된 것에 대해 궁금했던 사람은 필자 혼자만은 아니었던 것 같다. 한 해군이 자신의 블로그에 한결같이 정수리 부분 머리카락만 남겨두고 주변부는 전부 밀어버리는 해병대원들의 헤어스타일이 특이해서, 왜 머리를 저런 모양으로 할까 궁금해 그에 관한 조사 결과를 올려놓았으니 말이다. 그랬더니 어찌 알았는지 진짜 해병대원이 이 블로그에 찾아와 논쟁이 벌어졌다. 한국 해병대 헤어스타일이 톰크루즈 주연 영화인 〈어퓨굿맨〉에서의 해병대원 스타일과 비슷하다고 하자, 이 모방언급에 대해 해군과 전직 해병대 출신 사이에 갑론을박이 벌어진 것이다. 해병대원이 빵빵한 우월감과 자부심 어린 태도로 해군에게 따지며 해군보다 해병대가 우위에 있음을 선전하려 들자, 해군은 여기는 자신의 블로그라며 나가라고 선을 그으려 했다. 결국 해병대가 한국 육해공군으로부터 지원을 받는 것보다 미해병대로부터 지원받는 게 더 많으며, 전 세계에 진출한 미 세력권 해병대들이 우리와 처지가 비슷하다. 미해병대의 지원이 절대적

　　　　　　　　　　아름다움이 그대를 속일지라도

이기에 미해병대를 롤모델로 삼는 것이 당연하다는 제3자의 개입으로 마무리되었다. 덧붙여 팔각모도 빨간 명찰도 DI구호도 미해병대의 것들을 모방했음을 알려주면서.[25]

　헤어나 의복으로 이루어진 패션은 이런 의미에서 단순한 외양이나 겉껍데기가 아니다. 팔각모, 빨간 해병대 명찰, 헤어스타일 등등을 통해 해병대원들은 한 번 맛본 최고의 권력 연습 맛과 감각을 절대 놓칠 수 없다. 제대하고도 영원한 해병대를 외치며 굳이 블로그로 찾아와 해병대 헤어스타일 하나에 목숨 걸고 싸우는 것을 보면. '외모의 형식은 절대적으로 내용을 규정한다.'고 해야 할 것 같다.

---

[25]　https://blog.naver.com/bdhong/221233175645.

군복과 남성성의 감각적 분할:
지배와 정복, 권력을 익히고 연습하다

군인들의 헤어스타일을 둘러싼 태도를 보아도 군복은 국가를 지킨다는 자부심, 나는 국가를 책임지는 주인이라는 의식, 해군보다도 해병대는 더욱 몸 바쳐 이 나라와 영토를 지킨다는 몸의 자부심 감각을 월등하게 느끼는 것 같다. 여자, 니들 군대나 가고 평등을 얘기하라는 논리 속에는 사실 이러한 우월감이 숨어있다고 해야겠다. 누군가는 남자들은 군대를 강압적으로 가는데 왜 여자만 피해자처럼 구냐고 탈코르셋에 대해 같은 여자로서 불편함을 느낀다고 토로한다. 그러나 모르시는 말씀! 군대는 군복을 입고 여성에 대한 우월한 정신과 몸의 감각을 익히고, 자랑스러운 남성성과 공격적인 힘을 훈련하고 기른다는 점에서, 그리고 그것은 장차 한국 사회에서 여성을 어

아름다움이 그대를 속일지라도

떻게 지배자의 위치에서 정복하고 권력을 행사하는가를 획득한다는 점에서 여성스러움, 여성성이 지니는 이등시민의 위치에서의 억압과 전혀 차원이 다르다.

이런 불평등을 일찍이 알아차린 어느 여고생이 오래 전 여자사병을 제도화해 달라고 헌법소원을 냈던 사실이 있었다. 수업시간에 우연히 이에 대해 토론을 벌였었다. 여학생들은 한두 명 빼곤 남성들이 누리는 권리와 권력을 얻는다면 자신들도 군에 입대하겠다는 반응이었다. 한 손 팔굽혀펴기를 해내는 영화 〈지아이제인G. I. Jane〉에 나오는 여주인공처럼 하겠다는 것이다. 그랬더니 남학생들 반응이 의외였다. 남학생 몇 명이 여자들에게 "대체 왜 군대에 가려 하느냐. 그대로 있어라 그대로 여성스럽게 있어라." 그게 나라를 돕는 길이라는 것이었다. 군대 안 가는 여자들을 늘 비난해서 여자들이 군대 가겠다는 말에 솔직히 남자들이 환영할 줄 알았다. 그런데 정작 여자들이 군대를 통해 남녀가 평등해진다면 대부분 가겠다고 하자 남학생들의 반응은 가지 말아 달라는 반응이었다. 그 남학생들이 모든 남성의 생각을 대변하지는 않겠지만, 그래도 남자들의 속마음을 아주 솔직하게 표현한 것 같다. 여자도 군대 가고 나서 평등을 얘기하라고 큰소리치는 속내는 바로 이런 입장과 관련되는 것으로 판단되기 때문이다. 여자는 남자가 지키겠다. 여자는 아름답게 다소곳하게 있으면서 남자에게 경탄을 보내고 꽃처럼 남자를 환하게 빛나게 해주면 된다. 남성들은 남성 몸과 여성 몸의 감각들이, 그래서 국가와 세계에 대한 느낌들이 이런 식으로 위계적으로 남/여, 우/열로 분할되는 것을 원하는 것이다.

백설공주가 입고 신데렐라가 입었고, 오늘날 유아들이 입는 공주 풍 드레스와 화장이 보여주는 아름다움이나 현재 많은 여성적인 의상들이나 헤어스타일은 군복이나 군인 헤어스타일에 비교할 때 두 말 할 나위 없이 아름답다. 원피스나 하이힐, 긴 생머리는 낭만적이고 아름답다. 여성들은 하이힐을 신으며 자신감을 느낀다. 여리여리한 원피스의 편안한 느낌, 몸을 부드럽게 감싸는 느낌도 좋다. 짧은 팬츠 오픈숄더도 색다르고 자신감을 준다. 한두 시간씩 걸리는 화장도 자신감과 자아를 레벨업 해준다. 그러고 보면 이러한 자기만족의 여성스러운 패션 스타일들은 군복 패션과 서로 아주 잘 맞는 짝으로 보인다. 그것도 아주 조화롭고 서로를 보완하는 것처럼 보인다. 탈코르셋 여성들도 이런 느낌과 매력들을 잘 알고 있다. 적어도 일상의 반복적인 성희롱과 성폭력, 몰카의 대량생산과 유포, 여성 살해가 일상을 뒤덮기 전에는 그들도 그 매력들을 사랑했을 것이다.

물론 서로 매력적으로 보이고, 조화롭게 보이는 이 양자 간의 모양새는 이러한 폭력과 살인들이 난무하기 전에도 이미 그리 순탄치 않았다. 즉 전쟁과 무기, 군복, 남성성은 가부장 제도를 형성한 논리를 대변하며, 그 안에 이미 자연과 세계, 여성에 대한 지배와 정복을 품고 있었기 때문이다. 군복이라는 형식 안에는 남성들의 권위, 남성들을 불멸로 만드는 상징이자 감정적인 힘과 이성(합리성)이라는 남성성과 권력을 구축하게 해주었으며, 그것은 현재뿐 아니라 미래의 그것들을 구축하고자 할 때에도 필요불가결한 무기임을 보여주기 때문

아름다움이 그대를 속일지라도

이다. 따라서 아이언맨 슈트에 열광하는 남성적 자아의 내면화된 심리적 지도 안에는 이미 자연과 여성에 대한 정복과 제어, 지배의 지형이 우세한 영역을 차지하고 있다. 그 영역은 바로 남성성을 정의하게 하며 재생산해 왔기 때문이다. 지금도 여전히 지배와 정복, 권력의 남성성을 대표하는 군복이나 갑옷의 후예들이 계속 등장하고 있다. 아이언맨 슈트, 슈퍼맨 슈트, 배트맨 슈트, 킹스맨 슈트 등으로.

아프리카 통가족은 다른 원시종족들처럼 부족의 어린 소년들이 성인으로 인정받기 위해서 반드시 거쳐야 하는 3개월간의 통과의례, 성인의식이 있다. 소년은 10살에서 16세에 이르면, 그의 부모는 4~5년 만에 한 번씩 하례학교에 보낸다. 그는 여기서 자기 나이 또래의 다른 소년들과 함께 부족의 어른들에게 혹독한 훈련을 받는다. 이 성인의식은 소년이 두 줄로 늘어선 성인들에게 방망이 찜질을 받는 집단 태형으로부터 시작된다. 소년이 가까스로 이 태형을 마치면 그의 옷은 모두 벗겨지고 머리카락도 박박 밀어진 채 온통 사자갈기로 장식하고 있는 사자인간에게 인계된다. 여기서 그는 또 한 번 매섭게 매질을 당한 후, 3개월 동안 신비의 광야에 버려지게 된다. 성인의식이 진행되는 동안 소년은 6가지 시험을 받는다. 태형, 추위와의 싸움, 갈증과의 싸움, 야생 음식의 섭취, 처벌, 그리고 죽음에의 위협이다.

비정상적이며 기괴해 보이는 이러한 의식은 군대조직과 유사하다. 호되고 힘든 고난 과정을 거치며 오히려 이 과정에 대해 가치를 부여하고, 집단에 대한 충성심과 희생심을 드높이며 구성원들 간의 친화력과 연대감을 고양시킨다. 대한민국 군대와 군복, 해병대 헤어스타

일은 바로 이러한 지배와 정복, 권력의 주체를 재확인하며 호전적 남
성성의 이상과 남성들의 연대감을 탑재해주는 기호이다. 그리고 여성
의 아름다운 모습은 그 남성성을 밝혀주는 보조적인 역할로서 기능
할 확률이 높다. 세상을 주인이 아니라.

아름다움이 그대를 속일지라도

탈코르셋, 여성다움/남성다움의 지각구조를 뒤흔들다

한 사회나 문화권마다 여성다움과 남성다움에 대한 관념과 성역할은 우리의 일상 생활 전 영역, 구석구석에서 나타난다. 특히 남성다움, 여성다움은 외모를 통해 가장 명백하게 기호화되어 왔다. 우리 안에는 아주 어린 시절부터 여성다움/남성다움으로 약호화된 기대체계가 형성되어 있어 그 체계가 우리로 하여금 여성/남성의 외모로 구분된 한 사회의 의미적 세계에 들어가게 허용해준다. 사람들은 이미 익숙해진 여성성 이미지, 그들이 야동을 보고 익히고 배운 이미지들을 여성성으로 인식하고 기대체계를 갖는다. 사회적으로도 미디어에 등장하는 가수들이나 광고 이미지들도 그런 인식을 강화시켜주기 때문에 그것을 자연적인 여성성과 남성성으로 인식하게 된다. 각기 다른 문화권이나 사회마다 남성다움/여성다움은 조금씩 편차를 보이면서도 특히 외양의 영역, 그러니까 화장을 하고 수염을 기르거나 깎고 긴 머리나 짧은 머리를 하고 치마를 입거나 바지를 입고 등등에서는 일정한 규칙성이나 룰을 가지고 있다. 즉 우리 사회에서 짧은 투블럭 헤어와 수염은 남자, 남성다움의 외모이다. 화장을 한 긴 헤어는 당연히 여자다. 여성스러움을 의미한다. 그렇다면 긴 헤어스타일에 수염을 덥수룩하게 한다면?……그것은 독특한 남자다. 록가수나 뭐 특이한 직업의 남자다. 만일 혹은 말끔한 세미정장에 진한 화장과 멋진 염색 헤어를 했다면? 엑소 같은 아이돌 혹은 BTS다.

　사람들은 거의 대부분 한 사회 안에 계속 이어져 온 주어진 외모 룰에 어느 정도 안착해서 정주한다. 그런 기호를 넘어서 다르게 입는다면 비난의 쇄도를 감수해야 하기 때문이다. 행여나 초등학교 남자 선생님이 프레드릭 머큐리 같은 차림을 했다가는 교장 선생님이나 학생들은 둘째 치고, 학부모들이 아우성치며 한밤중에도 민원전화를 교사뿐 아니라 시교육청, 도교육청으로 난리칠 것이다. 세상 아무리 잘 가르쳐도 그런 사람을 선생이라고 신뢰하지 않는다. 선생답게 입고 성희롱하는 교사가 더 신뢰가 가는 것이다. 이런 점에서 사람들의 통념과 달리 외모의 세계에는 전근대사회 뿐 아니라 지금 대한민국에서도 꽉 막힌 규칙이 지배하고 있다. 그리고 이러한 위계질서적이고 고정관념에 사로잡힌 외모의 틀이 지배하는 사회에서는, 특히 남녀의 이분법이 자연스러운 인간의 본성인 것처럼 학습되고 사회화되고 강화되는 문화 속에서는 이에 대한 부당함을 표출할 수 있는 방식은 그리 많지 않다.

그래도 전근대사회로부터 현재에 이르기까지 우리 사회에서는 민주화의 진행으로 계급을 나타내는 외모의 규칙은 적어도 외면적으로나 법적으로 소멸되고 있다. 그러나 남성다운 차림/여성다운 차림에 대한 고정관념은, 앞서 보았듯이 여전히 막강하다. 그것은 다른 말로 하면 계급적인 민주화는 어느 정도 이루어졌지만, 남녀 불평등은 아직도 건재함을 의미한다. 물론 참정권이 주어지고 법적인 남녀평등도 이루어졌다. 그러나 실질적인 성역할이나 여성성/남성성의 규정은 여전히 불평등하다. 그리하여 이런 남녀의 성역할이 더욱더 강화되는 상황을 보여주는 영역이 바로 외모와 패션 영역이다. 남녀 외모의 구별에 대한 고정관념이 강하다는 것은 그만큼 남녀에 대한 사회적 불평등이 심하다는 이야기다. 그리고 남녀 외모의 불평등은 곧 사회적 불평등을 의미한다.

외모의 역사에서 여성의 지위나 성역할은 유감스럽게도 종속적인 피지배자의 위치를 차지해 왔다. 아니 사실 말이 나왔으니 말이지 실은 외모나 패션을 통해서만이 여성이나 남성의 지위나 성역할이 행해지고 드러난다. 그리하여 여성의 지위가 열등하고 행동반경이 주로 가정에 국한되어 있는 시대나 문화권에서 여성복은 여성의 활동을 방해하고 제한하는 경향이 있고, 여성해방 및 자유가 신장한 시대나 문화권에서는 여성복이 남성복의 특징을 모방하는 경향을 좀 더 보이게 된다.[32] 그래서 그런지 화려하고 장식적인 여성복은 언뜻 개방적인 사회의 표현인 듯 보이지만, 실은 오히려 철저히 여성에게 폐쇄적이고 보수적인 성향을 띠는 경우가 많다. 그 화려하고 장식적인 패션을 통해 사회적 구별과 성적 구별의 위계질서를 뚜렷하게 구현하며, 화려한 옷을 입는 여성들을 그 옷 속에 가두기 때문이다. 즉 화려하고 장식적인 패션이 신체적으로, 정신적으로 공적영역에서 여성의 존재를 밀어내 여성의 활동을 사적인 영역에 가두고 억압하면서 여성의 정체성을 수동적으로만 형성하기 쉽기 때문이다. 그리고 한국 여성들의 외모와 스타일은 남녀평등지수가 높은 북유럽 여성들의 심플한 스타일에 비해 보다 장식적이고 화려한 경향이 있다.[26] 여성 아이돌들의 화려한 패션에서도 보았듯이.

무엇보다도 지금도 한참 유통되고 있는 여성다움이나 여성성을 일상에서 가장 가깝게 자주 소비하는 영역이 외모, 화장과 패션이다. 외모는 여성다움이라는 기존의 기호를 가장 많이 담고 있고, 전달하고, 그 기호를 따라 대접받고 소비된다. 그런 만큼 외모, 화장과 패션의 영역만큼 가부장적 질서를 직접적으로 담고 있는 분야도 없다. 역으로 말하자면, 외모는 아름다움의 사회화를 내면화시켜 여성의 저항을 가장 약화시킬 수 있는 영역이기에 가부장적 지배질서를 유지하고 존속하게 하는 최고의 방법이다. 그러므로 여성성과 여성의 역할의 부당함과 불평등에 저항할 수 있는 최선의 방법도 바로 여기에 있다. 즉 기존의 여성성/남성성 기호를 뒤집을 수 있는 첫 출발도, 마

---

26   김민자, 『복식미학 강의 2』, 교문사, 2004, 133쪽.

지막 지점도 바로 일상의 외모영역이다. 문화혁명이 필요한 이유다. 그동안 페미니즘 연구자들은 여성성이 사회적으로 가부장적 질서에 의해 구성되어 왔으니 이를 해체해야 한다고 벌써 오래 전부터 이론적으로 우수한 논리로 주장을 해 왔다. 그러나 위계질서적인 남녀 이분법이 자연스러운 인간 본성인 것처럼 학습되고 사회화되는 문화 속에서는 그러한 이론만으로는 고정된 남녀 이분법의 전복도 불가능하고, 이를 위한 여성들 간의 공유와 연대를 이루어내기에도 역부족이다. 그런 점에서 탈코르셋은 위계적인 남녀 이분법의 해체를 가장 명확하게 이루어 낼 수 있는 현실적인 방법, 즉 여성성과 아름다움이란 남성에 의한, 남성을 위한, 남성의 개념에 불과하므로 그 이분법을 바꿀 수 있는 방법 중 가장 최선의 것일 확률이 높다. 비록 시간은 걸리겠지만, 함께 힘을 내고 강해지자.

아름다움이
그대를 속일지라도
- 탈코르셋 인문학

발행일 1쇄 2019년 10월 15일
지은이 연희원
펴낸이 여국동

펴낸곳 도서출판 인간사랑
출판등록 1983. 1. 26. 제일-3호
주소 경기도 고양시 일산동구 백석로 108번길 60-5 2층
물류센타 경기도 고양시 일산동구 문원길 13-34(문봉동)
전화 031)901-8144(대표) | 031)907-2003(영업부)
팩스 031)905-5815
전자우편 igsr@naver.com
페이스북 http://www.facebook.com/igsrpub
블로그 http://blog.naver.com/igsr
인쇄 하정인쇄 **출력** 현대미디어 **종이** 세원지업사

ISBN 978-89-7418-826-9 03330

이 도서의 국립중앙도서관 출판시도서목록(CIP)은 서지정보유통지원시스템
홈페이지(http://seoji.nl.go.kr)와 국가자료공동목록시스템(http://www.nl.go.kr/kolisnet)에서
이용하실 수 있습니다.(CIP제어번호: CIP2019037151)